谋局

乌蒙 —— 著

沈阳出版发行集团
沈阳出版社

图书在版编目（CIP）数据

谋局 / 乌蒙著 . -- 沈阳 : 沈阳出版社 , 2024.11.
ISBN 978-7-5716-4557-1

Ⅰ . F272.3

中国国家版本馆 CIP 数据核字第 2024EA7824 号

出版发行：沈阳出版发行集团｜沈阳出版社
（地址：沈阳市沈河区南翰林路 10 号　邮编：110011）
网　　址：http:www.sycbs.com
印　　刷：三河市京兰印务有限公司
幅面尺寸：165mm×235mm
印　　张：12
字　　数：140 千字
出版时间：2024 年 11 月第 1 版
印刷时间：2024 年 11 月第 1 次印刷
责任编辑：萧大勇
封面设计：乔景香
版式设计：容　安
责任校对：郑　丽
责任监印：杨　旭

书　　号：ISBN 978-7-5716-4557-1
定　　价：59.00 元

联系电话：024-24112447
E-mail：sy24112447 @ 163.com

本书若有印装质量问题，影响阅读，请与出版社联系调换。

目 录
CONTENTS

Part 1　谋局之基：知己知彼

1.1 自我认知：一种深入骨髓的洞察　　\002

1.2 敌情侦察：摸清对手的底牌与弱点　　\007

1.3 信息收集：掌握第一手资料与情报　　\011

1.4 数据分析：挖掘数据背后的规律与趋势　　\016

1.5 心理洞察：看穿他人的想法与意图　　\021

Part 2　谋局之翼：内心战争

2.1 情绪管理：控制自己的情绪，掌握别人的情绪　　\026

2.2 心理秘籍：认知偏差与心理战术的运用　　\030

2.3 说服之道：有效的沟通与说服技巧　　\034

2.4 群体心理：大众行为与群体决策　　\038

2.5 情感营销：情感与营销策略的结合　　\042

谋局之舞：灵活应变

3.1 随机应变：根据情况灵活调整策略　　　　\048

3.2 见机行事：抓住时机，乘势而上　　　　　\053

3.3 杠杆原理：以小博大，四两拨千斤　　　　\058

3.4 微观看势：洞察细节，把握机遇　　　　　\062

3.5 危机处理：快速响应，化解危机　　　　　\066

谋局之友：联盟力量

4.1 合作共赢：建立强大的联盟网络　　　　　\072

4.2 互相学习：联盟中的知识共享与成长　　　\076

4.3 抵抗之智：联盟的团结与抗争精神　　　　\080

4.4 谈判技巧：联盟合作中的利益协调　　　　\084

4.5 动态联盟：随需而变的联盟策略　　　　　\088

Part 5

谋局之锚：稳健决策

5.1 风险评估：全面分析风险与收益 \094

5.2 利弊权衡：理性权衡利弊得失 \099

5.3 决策果断：当机立断，不犹豫拖延 \103

5.4 预案制定：提前制定应对方案 \108

5.5 勇于承担：敢于承担责任与后果 \113

Part 6

谋局之魂：创新突破

6.1 创新意识：培养创新意识与思维 \118

6.2 颠覆式创新：打破常规，重塑格局 \123

6.3 创新实践：勇于尝试，不断试错与改进 \127

6.4 创新领导力：引领团队，激发创新活力 \131

6.5 创新文化：营造创新氛围与环境 \135

Part 7 谋局之剑：有效执行

7.1 执行力的重要性：实现目标的关键环节 \140

7.2 目标明确：制定清晰明确的目标与计划 \144

7.3 任务分解：将任务分解为可操作的小目标 \149

7.4 时间管理：合理安排时间，提高工作效率 \154

7.5 执行力文化：培养重视执行力的团队文化 \159

Part 8 谋局之境：智慧升华

8.1 奇正相合：创新与实用的完美结合 \164

8.2 无为而治：道法自然，追求卓越 \168

8.3 和为贵思想：和谐共赢，实现共同发展 \173

8.4 战略思维：高瞻远瞩，谋划未来 \177

8.5 辩证智慧：对立统一，相辅相成 \181

Part

1

谋局之基：知己知彼

1.1 自我认知：
一种深入骨髓的洞察

战国时期，赵国出现了两位重要人物，对当世和后世都产生了巨大的影响，他们就是尽人皆知的廉颇和蔺相如。

廉颇是赵国的一位名将，赵惠文王时，任上卿。廉颇骁勇善战，屡胜齐、魏等国；秦、赵长平之战，他坚壁固守三年，为赵国立下赫赫战功，在赵国和各诸侯国中都享有很高的声望。

蔺相如则是赵国大臣。赵惠文王时，得和氏璧，秦昭王谎称愿以十五城交换。蔺相如奉命携璧入秦，当廷力争，坚持先割城再交璧，使完璧归赵。赵惠文王二十年（前279年），蔺相如随赵王到渑池（今河南渑池西）与秦王相会，以其忠勇智慧，使赵王免受屈辱，因功任为上卿，地位甚至高于廉颇。

蔺相如受到赵王的器重触痛了廉颇。在廉颇看来，蔺相如不过是一介书生,不能像将士们那样鏖战沙场、冲锋陷阵,凭什么给他那么高的地位?廉颇因此扬言:"我若遇见蔺相如,一定要羞辱他。"

蔺相如听说了之后,却并不在意,也没有什么激烈的反应,而且每次遇到廉颇时还会远远地回避。蔺相如的门客见状很是不解,觉得他太无能,甚至想离他而去。蔺相如向大家解释道:"秦王那么有威势,我都不惧怕他,甚至还敢在朝堂上呵斥他、反击他,难道我会怕廉将军吗?大家要明白,秦国很强大,却不敢轻易对赵国发兵,就是因为赵国有我和廉将军。如果我们二人互相争斗,不能相容,秦国不就有机可乘了吗?赵国不就处在危险之中了吗?"

蔺相如的这番话传到了廉颇耳中,对廉颇触动很大。经过反思,他意识到了自己的狭隘和愚蠢,感到非常羞惭,觉得自己愧对蔺相如。为了表达心中的悔恨,他脱下自己的战袍,背上荆条来到蔺相如的宅子前,跪在地上向蔺相如请罪。成语"负荆请罪"就源于此。廉颇懊悔地说道:"我心胸狭窄,小看了先生,我为过去对您的不敬非常悔恨。"

蔺相如见状,连忙扶起廉颇,说:"将军能征善战,为国家立下了赫赫战功,我只是一介书生,没什么本事,哪能与将军您相提并论呢?我们应该团结一心,共同为国家效力。"

一切误会都消除了,从此,廉颇和蔺相如成了"刎颈之交",他们互相尊重、互相支持,为赵国的繁荣昌盛共同努力。

面对廉颇的挑衅，蔺相如表现出了极高的自我认知。他反躬自问，清楚自己的长处和短处，当廉颇公然羞辱他时，他并没有为了维护尊严而做出反击，也没有与廉颇针尖对麦芒似的争个高低，而是采取了一种更加巧妙的方式解决问题。这种应对挑衅的方式充分体现了蔺相如的智慧，他顾及的是国家利益。他很清楚，赵国与秦国兵力悬殊，只有团结一致才能抵御外敌，保证赵国不受秦国侵犯。为了维护国家的安定，蔺相如选择化解矛盾，而不是激化矛盾，这充分体现了他的大局观。

世界是一个巨大的棋局，每个人都是其中的一枚棋子。廉颇和蔺相如的故事说明了个人与全局的关系。看清自己，充分认识自己，摆正自己的位置，不仅是成功的前提，更是生存的保证。要做到这一点，则需要极为准确的自我认知，即清楚地认识自己的能力、价值观、个人目标以及身处的角色等。成功者不一定是最优秀、最聪明的人，但一定是最了解自己、最有自知之明的人。

自我认知是一种深刻的自我洞察，我们要时刻关注和审视自己的内心，坦诚地面对自己。自我认知能够帮助我们解决三个关键问题，即我究竟想要什么？我的优势和劣势是什么？如何更好地发挥自我价值？

针对以上三个问题，下面给出了三种解决办法。

第一，了解自己的情感和情绪。

在谋事处事中，情感和情绪好似我们心中的指南针。这个指南针告诉我们需要什么，想做什么，想达到的目的又是什么，并在此基础上做出最明智的决策。例如，你感到沮丧或失落，这或许是因为你的需求没有得到满足；你会产生焦虑或紧张的情绪，这或许是因为你对未来感到不确定。

细细体会自己的情感和情绪，是我们了解自己的有效方法，可以解决"我究竟想要什么"的问题。

第二，深入分析自己的行为模式。

每个人都有自己的行为模式，这是个性的反映。认识自己的行为模式，可以使我们更好地了解自己。人的自我认知存在局限性，即人可能会理想化地看待自己，你认为自己很完美，但那不一定是真实的你。自我认知可能理想化，但行为模式不会。要想正确地、实事求是地认识自己，就要深入分析自身的行为模式，这样我们才能看到自己的优点和缺点。例如，如果我们发现自己在遇到困难时容易灰心，乃至放弃努力，极有可能是因为自身缺乏解决问题的能力。通过对行为模式进行分析，可以解决"我的优势和劣势是什么"的问题。

第三，坦然面对自身的弱点。

坦然面对自身的弱点，是完成自我认知的关键。劣势和不足会制约人自身的发展，只有充分认识自己的不足，才能有针对性地采取措施改进这些不足。例如，有的人不敢在公众场合大胆地演讲，好像被枷锁束缚住一般。在这里，劣势和不足可能是胆怯，而造成胆怯的原因可能是积累不足、训练不够。所以，想要打开这个"枷锁"，就要多参加相关培训，多进行练习，从而补足短板。坦然面对自身的弱点，且积极采取行动进行调整，能解决"如何更好地发挥自我价值"的问题。

在自我认知过程中，人们常常会被许多表面的、浅层的现象误导，从而做出错误的判断。要想正确认识自己，就要超越浅层的自我认知，深入探索，这样才能更好地了解自己并挖掘自身的潜力。

真正的谋局高手能够深入地探索自己的内心，能够认识到自己的能力和潜力，对自己的能力和水平有着深刻的、全面的把握，从而能够自如地应对挑战。

1.2 敌情侦察：摸清对手的底牌与弱点

公元前354年，魏国为了消灭赵国，就派庞涓率军攻打赵国。赵国都城邯郸被魏军围困，一时间危在旦夕。紧急时刻，赵国向齐国求援。

赵国与齐国一向关系密切，赵王于危急时刻向齐王求援，齐王当即任命田忌为主将，孙膑为军师，率领齐军前去救援。为帮助赵国解围，孙膑深入分析各方形势，决定采用围魏救赵的策略，即出兵包围魏国的都城大梁，迫使魏国撤回攻打邯郸的部队，邯郸之围自然就能化解。

田忌按照孙膑的策略，率军进攻大梁。果然，庞涓得知本国都城被围的消息后，立即撤军回援。孙膑自然早有准备，他在魏军回援途中必经之地桂陵设下了埋伏。

> 当庞涓大军到达桂陵时,早已埋伏在此的齐军突然发起攻击,将魏军团团包围。魏军没有料到齐军会在此设伏,被打了个措手不及败下阵来,主将庞涓也被齐军活捉。

这就是著名的"桂陵之战"。齐军此战取胜的关键在于孙膑能够准确地摸清魏军的底牌和弱点:魏军集中兵力攻打邯郸,其都城大梁相对空虚。孙膑据此决定攻打大梁,迫使魏国军队从邯郸撤回以保卫大梁,从而化解了赵国的邯郸之围。

此外,孙膑还准确地判断出庞涓的回援路线和时间,在其回援途中设伏取得生擒庞涓的战果。这说明孙膑对庞涓的个性、指挥风格以及魏军的战斗力都有深入的了解。

这场经典战役值得后人仔细揣摩和学习。摸清对手的底牌和弱点后,孙膑便制定出了围魏救赵的策略,这不仅展示了他高超的谋略,更显示了他在全方位收集敌人情报,洞悉敌人心理态势方面的超级能力。在激烈的市场竞争中,要想取胜,首先就要摸清对手的底牌和弱点,即所谓"知己知彼,百战不殆"。要在竞争中提高自身实力,保持领先地位,我们必须全面深入地收集对手信息,进行可靠的数据分析,只有这样,才能制定出高明的策略,制定出可行的行动方案。因此,我们应重视收集对手的信息,这是制定战略战术的重要前提。

在当前市场环境下,企业经营者应该重点从以下三个方面收集对手的信息。

第一，了解对手的实力与背景。

①要了解对手的资金实力，比如资金来源、可用资金规模及现金流状况，这有助于评估对手的实际经营状况，预测其在竞争中的表现和可能的发展方向。②要了解对手的技术和人才实力，分析对手的技术研发能力、专利申请、人才结构、涉及领域、人才素质等，这有助于评估对手在技术和人才领域的优势和不足。③要了解对手的业务领域与市场定位，以及产品特点等，这有助于了解对手在市场中的竞争优势和不足。④还要关注对手的公共关系策略、社会形象和社会责任表现等，这有助于了解其公关能力和社会认可度，评估对手的发展力和竞争力。

第二，分析对手的战略与战术。

①了解对手的战略目标、发展规划和市场竞争策略等，可以深入了解对方的意图和目标，判断其长期发展目标和竞争策略。②研究对手的组织架构、管理流程和决策方式等，可以深入了解其运营模式和决策效率，评估其整体运营布局和资源分配情况。③了解对手的产品特点、服务质量、产品线等，以便评估其产品竞争力和市场适应性，了解其产品的优缺点和市场反馈。④了解对手的营销渠道、促销策略和客户关系管理情况，可以评估其营销效果和市场竞争力，更好地了解其营销意图和目标。

第三，观察对手的行为与动态。

①关注对手的市场活动，包括其新产品发布、市场推广、促销活动等，据此可以了解其市场策略和市场反应。②了解对手的投资方向、投资重点和投资规模等，可以评估对手的投资策略和未来发展方向，预测其发展趋势和

市场潜力。③关注对手的人事变动，特别是高层领导、关键人才的引进和退出等，可以对其组织架构、人才储备和管理水平等方面进行评估，预测其战略调整和市场策略变化。④关注对手与其他企业的合作与竞争关系，例如，其合作伙伴是谁、竞争者是谁，潜在合作伙伴是谁、潜在竞争者是谁，这样，就能预测其在市场中的地位和竞争策略，以做出应对。⑤还要了解对手的财务状况、业绩表现和市场占有率，不光要对其整体运营状况和发展趋势做出评估，还要对其在市场竞争中的优势和不足做出预测。

所有这些信息都要通过合法渠道获得。对这些信息进行深入分析，可以全面了解对手的运营状况、战略意图和潜在弱点。

要准确地获取信息，就要具有敏锐的观察力。要时刻关注周围环境的变化和对手的动态，即使是蛛丝马迹，也不要轻易放过；要及时准确地捕捉信息，并对收集到的信息进行深入的挖掘和分析，提取其中的有用信息；不仅要关注对手当前的数据表现，还要结合其历史表现、市场趋势等进行综合分析。只有通过深入细致的分析，才能准确地判断对手的优势和弱点。

1.3 信息收集：
掌握第一手资料与情报

东汉末年，孙权、刘备组成的联军与来自北方的曹军，在赤壁爆发了一场大战，这就是历史上著名的"赤壁之战"。

此时，曹操占据北方，势力强大，对于东吴和荆州志在必得。而孙权和刘备，也都拥有一定的实力。

面临着强大的对手，孙权和刘备选择联合起来共同迎战。孙权组建了一支强大的舰队，刘备则在荆州集结了主力。曹军饮马江陵，大战一触即发。

战前的侦察活动是非常重要的，孙权、刘备联军为此做了大量的工作。侦察后他们发现曹军不习水战，虽招降了很多将士，但战斗力不强，军中疾病蔓延。

与曹军相比，孙刘联军对军队进行了整顿，提高了士气，增强了战斗力。

孙刘联军进行深入的侦察后，对彼此实力优劣进行了分析。联军发现曹军的战舰是连在一起的,这真是火攻的绝佳条件。于是,联军决定采取火攻。火攻既是一种谋略,也是一种攻心战术,此计正是利用曹军士气低落、疾病蔓延的弱点。同时,联军还故意将火攻的计划泄露出去,在曹军内部造成恐慌,使其士气进一步被削弱。

战斗发起的当夜,东风大作,在孙刘联军的火攻下,曹军的舰队悉数被烧毁。赤壁之战,以曹军的失败、孙刘联军的胜利而告终。

这场经典大战告诉我们,收集对手的信息有多么重要。孙刘联军正是精准地掌握了曹军的信息,把握住了曹军的弱点,才做出了正确的决策——火攻,赢得大战的胜利。

在激烈的市场竞争中,要想立于不败之地,也要注意收集竞争对手的信息,特别是要注意收集第一手资料和情报。

第一手资料是指可以直接获取的原始信息,具有极高的可信度和参考价值。通过第一手资料,我们可以深入了解市场动态、竞争态势,掌握各种资源和人脉,并制定周密的布局。例如,了解到对手的财务状况和销售数据等第一手资料,就能正确评估对手的实力,摸清对手的市场策略,并据此发现竞争对手的销售渠道、市场占有率等信息。通过分析解读,原始信息会成为增值信息,为我们在竞争中取胜奠定基础。

那么,如何掌握第一手资料与情报呢?以下三个步骤值得借鉴。

第一，建立高效的信息收集系统。

要想掌握第一手资料和情报,首先要建立高效的信息收集系统。在这个系统中,要明确信息收集目标,厘清情报来源。此外,还要发掘先进的信息收集工具。同时,信息收集团队的建设非常重要,团队成员不仅要具备高度敏感性和专业知识架构,还要能够快速、准确地获取原始信息。

第二，与利益相关者建立紧密联系。

要充分关注利益相关者,因为他们是获取第一手资料和情报的关键渠道之一。与供应商、销售渠道、合作伙伴等利益相关者建立紧密联系,就能拓宽信息渠道。同时,对行业组织和权威机构发布的信息,以及行业会议和研讨会等活动,也要给予关注,这也有利于更好地了解行业动态和竞争对手情况。

第三，利用技术手段提升信息收集和分析能力。

掌握现代科技手段,有助于信息收集和分析。例如,掌握大数据技术,就可以处理海量数据,并从中挖掘出商业价值;掌握人工智能技术,就能快速、准确地分析信息,预测市场趋势。这些技术手段,可以提升信息收集和分析能力,帮助企业经营管理者掌握第一手资料和情报。

有了第一手资料与情报,接下来,就要从以下四个方面发挥其强大作用。

第一，制定有针对性的商业策略。

利用第一手资料和情报，深入了解市场需求和竞争态势，据此制定出更具针对性的商业策略。例如，在市场竞争激烈的情况下，对消费者的需求和购买行为，以及市场发展趋势等信息进行收集和分析，从而制定符合市场需求的营销策略。

第二，优化资源配置。

利用第一手资料和情报更好地配置资源，提高效率和竞争力。例如，对销售数据和市场反馈进行分析，就能发现哪些产品或服务更受欢迎，这样就能更好地进行资源分配，提高产品质量和服务水平，因而才能提高整体收益。

第三，预测市场趋势。

利用第一手资料和情报对市场趋势和发展方向做出正确预测。对第一手资料和情报进行分析，对我们提前做好准备、抓住商机非常重要。例如，市场上出现某一行业或产品广受消费者青睐的情况，此时，就要抓住机遇，提前布局，抢占市场先机。

第四，建立合作共赢的局面。

利用第一手资料和情报，更好地了解合作伙伴的需求和优势，促进合作，实现共赢。在生产和经营中，不光有竞争，也会有合作。例如，在供应链中，供应商和销售渠道之间，双方只有依赖第一手资料和情报，深度了解，才能实现合作和共赢。

当然，信息收集也不是无差别的，而是需要对所收集的信息进行严格的筛选和过滤，摒弃那些无效和虚假的信息。这就要求企业保证信息来源的可靠性和时效性，进行认真的甄别，确保信息真实可靠。

从不同渠道获得的信息会存在差异甚至矛盾，因此，对所收集的信息要进行交叉验证，反复甄别，特别要善于发现并纠正错误、虚假信息，避免被误导。

1.4 数据分析：
挖掘数据背后的规律与趋势

作为全球最大零售商之一的沃尔玛非常重视数据分析。通过对销售数据进行分析，沃尔玛发现了许多商品之间的关联，这些关联非常微妙，甚至尿布与啤酒之间都有关联。

沃尔玛对购物篮中人们选购的商品种类进行分析，发现美国一些年轻的父亲下班后经常要到超市去买婴儿尿布，其中又有30%—40%的人还会顺便为自己买一些啤酒。发现这个现象后，沃尔玛对商品布局进行了微调，将啤酒与尿布摆放在相同的区域。这样，就能方便年轻的父亲可以同时找到这两件商品，并很快完成购物。这一微调促使啤酒和尿布两者的销量都得到了增加。

沃尔玛还发现一个有趣的现象，那就是每当季节性飓风来临，蛋挞的销量就会增加。于是，每到飓风季节，他们就将蛋挞与飓风用品摆放在一起。这样一来，这两种产品的销量也得到了提升。

这种现象蕴含着数据的挖掘和关联规则。通过分析，寻找在同一个购物篮中经常同时出现的商品组合，发现商品之间的关联。使用一种基于事务的数据结构，对每一对商品组合出现的次数进行统计，然后根据设定的最小支持度阈值筛选出频繁项集。最后，根据频繁项集生成关联规则，这样，就能对其可信度和提升度进行评估，从而得到有效的商品关联信息。

亚马逊作为全球最大的电商平台之一，其成功的关键也是基于对数据的充分挖掘和利用。亚马逊通过大数据技术，对用户的购物行为、浏览行为和评价行为等数据进行分析，这样就能为用户精准地推荐产品、优化库存管理和提升客户体验。亚马逊对数据的运用主要表现在以下几个方面。

一是精准推荐。通过对用户的浏览历史、购买记录和评价等数据进行分析，就能了解用户的购物偏好和需求。据此就可以为用户提供个性化的推荐服务，提高用户购买意愿和满意度。

二是优化库存管理。通过对销售数据进行实时监控和分析，及时掌握产品的销售情况。根据销售数据，及时调整库存，避免积压或缺货现象的发生。

三是提升客户体验。通过对用户的评价和反馈数据进行分析，了解用户对产品和服务的满意度，并据此及时改进产品，提高服务质量，提升客户体验度和忠诚度。

从海量数据中挖掘出有用的信息，这就是数据分析。在信息爆炸时代，只有做好数据分析才能有效地应对各种挑战。数据分析已经成为企业成功的关键因素之一。通常情况下，做好数据分析要经过下面三个步骤。

第一，具备数据思维，掌握数据背后的规律与趋势。

数据思维的关键在于观察数据的波动、变化和相关性，挖掘数据背后的规律与趋势。企业需要将数据转化为信息，再将信息转化为知识。

第二，利用大数据技术，实现数据挖掘与分析。

大数据技术对数据分析意义重大，它是一个更加全面、深入的数据分析工具。使用大数据技术，可以处理海量的数据，并从中提取有价值的信息。对这些信息进行挖掘和分析，企业才能预判市场趋势、消费者需求以及竞争格局等。

第三，结合业务场景，将数据思维转化为竞争优势。

挖掘数据背后的规律与趋势，是为了将数据思维转化为竞争优势。将数据分析结果与业务场景相结合，才能制定出更具针对性的战略和策略。例如，通过对消费者购买行为和市场趋势进行分析，企业就能更加精准地进行产品定位，制定营销策略。

而要将数据思维转化为竞争优势，具体来说，还需要以下五个条件。

1. 建立数据驱动的决策文化。

在一个企业中，无论是高层领导还是基层员工，都要充分认识到数据对于决策的重要性。企业要通过培训和宣传，使员工掌握数据分析能力，将数据视为企业决策的核心依据；同时，企业还要建立数据驱动的决策流程，确保在制定战略和做出决策时，数据能够得到充分的应用和考虑。

2. 收集和分析全面、多维度的数据。

这里的数据包括市场、消费者、竞争对手、供应链等各方面的数据。企业通过分析这些数据，就能全面了解消费者需求，预测市场趋势，从而制定更加精准的策略。同时，通过对竞争对手进行分析，就能了解其优势和劣势，并据此制定竞争策略。

3. 将数据分析能力转化为洞察力。

数据本身是没有价值的，只有通过分析和挖掘，数据才具备了价值洞察力。通过大数据技术，对数据进行深度分析和挖掘，可以发现数据背后的规律和趋势。例如，对消费者的购买行为和浏览行为进行分析，就能了解消费者的偏好和需求，从而为消费者提供更加个性化的产品和服务。

4. 将洞察力转化为行动力。

洞察之后，企业需要采取具体的行动。例如，根据由大数据分析得出的市场趋势和消费者需求，企业对产品定位进行调整，开发新产品，优化营销策略。企业将洞察力转化为行动力，才能更加精准地满足市场需求，提高自己的竞争力。

5. 持续优化和迭代。

数据思维是一个持续优化的过程。企业需根据市场变化和消费者需求变化，不断收集和分析数据，优化策略和行动。同时，企业只有不断改进和提升自身的数据处理和分析能力，才能更好地适应日益复杂多变的市场环境。

对大量数据进行分析和挖掘，能精准地了解市场需求和趋势，从而做出科学、精准的决策，提高企业生产效率。同时，数据分析可以为企业进行产品组合、制定营销策略、广告投放优化等提供依据，提高生产销售额和顾客满意度。因此，企业应该重视数据分析，提高数据分析和处理能力，只有这样，才能更好地应对市场竞争和变化。

1.5 心理洞察：
看穿他人的想法与意图

"诺曼底登陆"是第二次世界大战期间，美、英军队在法国西北部诺曼底地区进攻德军的登陆战役。在这场战役中，近三百万盟军士兵渡过英吉利海峡从法国诺曼底登陆作战，使第二次世界大战的战略态势发生了根本性的变化。此役是盟军反攻欧洲大陆的关键一战，其标志着欧洲反法西斯第二战场的开辟。

在本次登陆战开始之前，盟军对德军守军进行情报侦察和分析，发现德军指挥官龙德施泰特对于防守非常自信。在龙德施泰特看来，法国沿海地区地势复杂、海岸线陡峭，盟军若要发起进攻，只能通过地势稍微缓和的加来海峡。德军于是在加来海峡布置了重兵防守，而法国北部的诺曼底则被其忽略。德军相信盟军一定无法在短时间内突破德军的防线。

但盟军在战前通过对德军心理的洞察，破解了德军的防守意图，于是有针对性地进行了反攻部署。

基于对德军心理的洞察，盟军制订了一套精妙的反攻计划。他们选择了德军认为最不可能被攻击的地方——诺曼底进行登陆。为了战役的成功，盟军还制造出一系列假象误导德军。这些"障眼法"使德军指挥官误判了盟军的进攻时间和地点。同时，盟军还通过虚假的情报和无线电信号，让德军误以为盟军的登陆部队规模较小，攻势很弱，不会对德军造成实质性的威胁。

就这样，盟军成功地迷惑了德军指挥官龙德施泰特，使他产生错觉，对盟军的进攻作出了严重误判。当盟军在诺曼底大规模登陆时，德军指挥官无法及时采取正确的迎战措施，导致了德军在战场上的混乱和失败。最终，盟军成功地突破了德军的防线，取得了第二次世界大战中具有决定性作用的一次战役的胜利。

诺曼底登陆战役取得最终的胜利，取决于盟军对敌军心理的深刻洞察和其战略欺骗手段的成功应用。此役成为现代企业商战中，对竞争对手进行攻心战的一个经典案例，为后世提供了重要的借鉴和启示。

心理洞察就是深入了解他人内心的想法和意图。在人际交往和商业活动中，特别是在商业竞争中，我们需要了解对方的想法和意图。通过心理洞察，我们可以更好地了解他人的需求、动机和行为，从而调整自己的策略。当然，这并不是一蹴而就的，因为人们真实的想法和意图不容易捕捉。

那么，我们如何才能看穿对方真实的想法和意图呢？我们可以从以下五个方面着手。

第一，了解背景信息。

在人际交往和商业活动中，我们要了解对方的背景信息，包括对方的职业、教育背景、家庭背景、个人经历等。这些背景信息会对人的心理产生多方面的影响，如他的价值观、信仰、行为模式、人际关系等。根据这些背景信息，我们可以比较全面深入地了解对方的心理倾向，从而更准确地判断对方的真实意图。

第二，观察身体语言。

身体语言是一种非言语性的沟通方式，它能反映人的真实想法和感受。所以，我们要注意观察对方的身体语言，以便获取更多有价值的信息。例如，当一个人频繁地用手触摸脸部或颈部时，可能意味着他感到紧张或不安；当一个人双臂交叉或眼神闪烁时，可能意味着他不同意或不认可你的观点。因此，在人际交往中，观察他人的身体语言是非常重要的，这可以帮助我们了解对方真实的态度。

第三，洞察情感波动。

情感波动是人们内心世界的重要组成部分，它反映出人们在不同情境下的情绪状态。洞察他人的情感波动，能更好地了解对方的想法和意图。例如，一个人语音柔和，这说明他情绪愉快或轻松；而如果一个人语音语气急促或不耐烦，很有可能说明他感到烦躁或不安。在社交场合，洞察他人的情感波动，可以更好地帮我们了解对方的真实情绪状态。

第四，分析行为模式。

行为模式是指人们在特定情境下表现出的相对稳定的言行举止。通过分析对方的行为模式，我们可以更好地了解对方的性格特征和行为习惯。例如，有些人乐于在公共场合表达自己的观点并争夺话语权，很显然，他们具有强烈的控制欲和领导欲望；相反，有些人则相对低调，常常默默无闻地完成任务，可见，他们的责任感和执行力非常强。因此，在人际交往中，对他人的行为模式进行分析，能更好地了解对方的性格特征和行为习惯。

第五，运用心理技巧。

运用一些心理技巧来洞察他人也是非常重要的。例如，"镜像效应"就是通过模仿他人的言行举止，体会对方的内心世界；"同理心"，就是通过换位思考来理解对方的感受和需求；"引导性问题"则是通过提出有针对性的问题来引导他人表达自己的想法和意图。

心理洞察力在成功学谋略中具有重要的作用，但也存在局限性。首先，心理洞察并非完全准确，因为它的主观性和不确定性是非常明显的。其次，只有经过一定时间和经验的积累，才能提升心理洞察力，所以，要避免急于求成。

可见，只有综合运用各种技巧和方法，我们才能真正做到心理洞察，并据此更好地了解他人的想法和意图，在人际交往和商业谈判中取得更好的成绩。同时，我们还要避免主观和武断，始终以冷静和客观的态度对他人的心理进行观察和分析。

Part
2

谋局之翼：内心战争

2.1 / 情绪管理：
控制自己的情绪，掌握别人的情绪

项羽是秦末著名起义军首领，颇有实力。公元前206年，项羽自立为西楚霸王，以刘邦为汉王，又划地分封十七个王。后刘邦乘项羽出击齐地的机会，攻占关中，并继续东进，占领项羽的根据地彭城（今江苏徐州）。项羽兵力强大，回师大败刘邦。刘邦联合各地力量反对项羽，与项羽在荥阳（今河南郑州西北古荥）、成皋（今荥阳西北）间相持，又派韩信攻占赵、齐等地，使项羽两面受敌。前203年双方约定以鸿沟为界，东属楚，西属汉。次年，刘邦乘项羽撤兵的机会全力追击，并约韩信、彭越合围。项羽败退至垓下（今安徽固镇东北、沱河南岸）被围，旋在乌江（今安徽和县东北）自杀。刘邦即帝位，建立汉朝。

项羽失败有很多原因，其中一个重要的因素就是他的情绪管理出现了问题。在垓下之战中，项羽先是过于自信，轻视了刘邦的实力，导致战败；当四面响起楚歌时，他又过于悲观绝望，情绪波动剧烈，以致失去了理智。在情绪激烈变化的影响下，他无法做出正确的决策，导致最后的悲惨结局。

在情绪管理方面，项羽的问题主要表现在三个方面。第一，不能管控好自己的情绪，容易受到外界的影响。第二，不能很好地理解他人的情绪，没有与将士们建立良好的关系。第三，不能很好地利用情绪来激励自己和他人。

与项羽相比，刘邦具有很好的情绪管控能力。他能够冷静地分析形势，并做出正确的判断和决策。他抓住项羽的性格弱点，利用歌声发动心理战，削弱项羽及其手下的士气，同时又激励自己的军队继续战斗。

要想获得成功，就要做好情绪管理。情绪不仅影响我们的心理状态，还影响我们的行为模式和人际关系。成功者在任何情况下，都能保持冷静，有效地控制自己的情绪。只有这样，才能从容应对挑战，处事不惊，不因情绪波动而做出错误的决策。同时，做好情绪管理，才能建立起良好的人际关系，使自己在竞争中立于不败之地。

那么，如何管控自己的情绪呢？我们可以尝试从以下四个方面做出努力。

第一，学会识别自己的情绪。

很多时候，情绪就像暗流，于无声处对我们的行为产生影响。我们只有及时发现自己的情绪变化，才能有效地控制它。我们要学会去看见、去了解、去认识自己的情绪，看它真正的源头所在，才能真正去管理。要做到这一点，必须学会观察自己的行为和反应，了解自己的情绪状态。比如，当我们感到愤怒时，难免会产生攻击行为；当我们感到焦虑时，可能会有逃避的行为。及时发现和识别这些行为和变化，我们才能了解自己的情绪并控制它。

第二，学会接纳自己的情绪。

我们的情绪，就像一根管道。当它被堵住时，要做的是及时疏通，而非时刻控制。许多时刻，我们可能对情绪有一个误区。总以为好的情绪才是被接纳的，坏情绪是应该被摒弃的。但就像每一个人都有自己的缺点和不足一样，一切情绪都有它们存在的意义。每一种情绪的存在都是有原因的，它们不能用单纯的"好"或"坏"来评判。要先学会接受它，明白究竟是为什么不开心、不舒服、不自在，然后才能更好地调整和修复。正确处理情绪的方式不是逃避，而是面对。学会接纳自己的情绪，才是正确的选择。冥想、瑜伽等方式，都能帮助我们接纳和处理情绪。

第三，要学会调整自己的情绪。

在识别和接纳情绪的前提下，我们就可以开始调整自己的情绪了，具体来说就是改变思维方式。比如，当我们感到焦虑时，可以对自己说"这只是一次挑战，我有能力去应对"，这样就能帮助我们减少焦虑，增加自信。

第四，学会利用情绪。

要试着让情绪成为我们工作和生活的动力。比如，当我们感到愤怒时，可以将它转化为动力，在它的驱动下去克服一切困难；当我们感到焦虑时，可以将它转化为动力，去追求更高的目标。

我们不仅可以利用和转化自己的情绪，也可以利用和转化别人的情绪，因为情绪是一种非常有力的工具，我们可以利用它来影响对方的决策和行为，从而实现自己的目标。例如，我们可以用积极的情绪来激发他人的兴趣和热情，影响他人的行为和想法。

通过情绪对他人施加影响，可以尝试以下心理策略：

（1）在适当的时候给予他人帮助或支持，有利于对方在未来支持我们；

（2）利用社会认同原理，通过引用权威机构或专家的意见，增强我们观点的可信度，从而更容易说服对方接受我们的观点；

（3）促使对方做出承诺或公开表态，让他们产生一种维护一致性的动力，使对方更好地支持我们并履行先前的承诺；

（4）在谈判或交流中，巧妙地结合情感和理智，情感可以激励对方，使之与我们产生共鸣，再以理智来论证我们的观点，给对方形成更大的影响；

（5）在适当的时候，可以指出令对方焦虑的问题，引起对方的关注和重视，通过这种方式来影响对方。

掌握他人的情感波动，了解其心理状态，从而利用心理技巧来掌控局面，我们就可以争取主动权，取得战略性的成功。当然，这需要我们具备更高的情商、更敏锐的洞察力和更灵活的思维策略。要做到这些，就要不断学习和实践，只有这样，我们才能更好地运用情绪管理来获得更多的优势和成功。

2.2 心理秘籍：
认知偏差与心理战术的运用

消费者在逛宜家商场时，会获得满意的体验，因为这里展示了各种风格的家具和家居装饰用品，可以满足消费者的各种需求。特别是这些商品大多以组装形式出售，让消费者体验到了自行组装和设计的乐趣。消费者可以根据自己的喜好和需求，挑选合适的组件，并按照自己的期望，组装成独特的家居用品。

宜家商场让消费者参与设计和组装，消费者因为亲自参与其中，对商品的优点和价值有了更深入的了解和认识，获得了更好的购物体验。因此，宜家的产品获得消费者的好评，宜家的销售业绩也得到了提升。

宜家商场采用劳动力成本转嫁的方式，将原本由商家承担的劳动力成本转嫁到消费者身上。由消费者自行组装家具，不仅商场降低了成本，消费者也在组装过程中获得快乐，并对产品产生爱护感。这无疑是一种聪明的销售策略。这种策略提高了商品的价值和市场竞争力，深受消费者的欢迎。

宜家的成功，在于其掌握了人们心理上的认知偏差，消费者在付出劳动（情感）的同时，会对商品赋予更高的价值。这体现了人类的心理和行为规律。在评价一个事物时，人们常常会将自己的投入和努力也同时考虑在内，把自己付出的心血和努力视为事物价值的重要组成部分，因此会对该事物感到更加珍贵和富有价值。

从心理学的角度来讲，认知偏差指的是人们在感知自身、他人或外部环境时，常因自身或情境使得知觉结果出现失真的现象。这也提示我们，在制定战略和谋局的过程中，要避免认知偏差可能产生的负面影响。但是，我们也可以借鉴这种影响，使其转化为一种战略武器，以赢得竞争。

在战略谋局中，要想利用认知偏差心理战术，可以从以下几方面入手。

第一，利用可得性启发。

可得性启发，就是指人们在做决策时，常会根据直观的、容易获得的信息进行判断，而不是对问题进行全面的分析。在制定战略时，企业可以利用这种认知偏差调整信息，以此来影响决策者的行为。例如，当一项新产品要进行市场推广时，在前期宣传中，我们可以强调其创新性和优势，这样，决策者就会更容易关注产品的特点，而忽视可能存在的风险。

第二，创造锚定效应。

人们在做决策时，第一个接收到的信息会对其产生影响，从而在后续的决策中产生偏见，这就是锚定效应。企业在制定战略方针时，就可以利用这种认知偏差，先提出一个较高的目标或价格，以此对顾客的心理预期产生影响，进而影响他们的行为。例如，为产品定价时，可以先设定一个较高的参考价，然后再给予一定的折扣，这样做出的价格调整，顾客会更容易接受。

第三，利用确认偏误。

确认偏误是指人们在寻找信息的时候倾向于那些能够确认自己信念的信息，而忽视与自己观点相矛盾的信息。企业在战略决策中，可以利用这种认知偏差，提供有利于特定决策的信息和解释，以此强化员工的信念，推动战略的实施。例如，在推广新产品时，强调产品的优势和创新点，弱化产品的不足和风险，这样就能激发顾客的购买意愿。

第四，创造团体迷思。

团体迷思是指在一个团体中，由于成员的意见高度一致，受从众心理的影响，个体会放弃独立思考和判断。在战略决策中，企业可以利用这种认知偏差，营造一种高度一致的氛围，以此对员工的思维和判断产生影响。例如，开发新产品时，可以进行集体讨论，形成绝对多数人员的一致意见，从而使持不同意见的员工更容易接受和认可某种方案。

第五，制造权威效应。

权威效应是指对于权威人物的观点和意见，人们更容易接受和认同。在战略决策中，利用权威效应能提高决策的影响力。例如，聘请知名专家或学者来支持企业的决策，或者通过营销手段打造自己的品牌形象。这样，企业的战略决策更容易被他人接受和认同。

第六，运用情感引导。

情感引导是指通过影响他人的情绪状态从而影响其判断和决策。在战略决策中，可以利用情感引导，影响他人的行为。例如，在广告制作中，企业可以营造积极的情绪氛围，使消费者产生共鸣，使他们更愿意购买广告推荐的产品。此外，公关手段也是影响公众情绪的有效方法，它会影响公众对企业形象的认知和评价。

在战略谋局中，认知偏差具有广泛的应用价值。它可以使我们更好地掌控局面并制定出更加有效的战略方案。

了解和掌握对手的认知偏差，就可以更准确地预测其可能做出的行动和决策，从而制定出更有效的策略。还可以利用认知偏差形成的信息差，使对手产生误判，从而赢得竞争。

了解自己和团队的认知偏差，可以避免决策失误。例如，在经营状况高度乐观的情况下，就要有所警觉，在制订计划时要非常慎重，要对可能出现的问题有所预测和防范。

在实际应用中，要特别注意根据具体情况进行权衡和分析，懂得在何种情况下可以利用或规避认知偏差，对实现竞争目标非常重要。

2.3 说服之道：
有效的沟通与说服技巧

战国时期，赵国的国君孝成王刚刚继位，秦国就发兵进攻赵国。为了抵御秦国的进攻，赵国只好求助齐国，想从齐国借兵抵御外敌。但齐国有个条件，那就是让赵太后的小儿子长安君来做人质，才肯发兵。

赵太后担心儿子此去会有什么不测，认为他还是个孩子，不应该去承担如此重大的责任，所以不认可这个条件。

一天，触龙来看望赵太后，见面后先是问候一番，后聊起家常，逐渐缓解了赵太后的戒备心理，然后话锋一转，说起自己是如何"爱子"的，引起赵太后的共鸣。接着，触龙就谈到赵太后对长安君的疼爱，他劝说赵太后，长安君在宫廷中得到了很好的教育和照顾，有着优秀的品质和能力，但要成为一国之君还要树立威望，而现在就是个建功立业的机会。他相信赵太后一定会为长安君做长远的打算。

> 触龙从国家利益和长安君的前途出发劝说赵太后,晓以大义,说明赵太后不愿派自己的儿子去齐国为质,赵国就会被秦国侵占更多的土地,赵国的地位和声誉也会受到损害。他希望赵太后能够以国家利益为重,同意长安君前往齐国。经过触龙的劝说,赵太后终于认识到"爱子"与"爱国"的关系,从而接受了"长安君质于齐"的建议。

触龙劝说赵太后很讲究技巧,可谓沟通有术、循序渐进,这主要表现在以下三个方面。

第一,态度温和,言辞委婉。触龙没有直入主题,而是以和蔼的语气,从生活琐事聊起,使赵太后感到非常亲切,这就为后面的说理奠定了基础。

第二,抓住时机,适当引导。赵太后非常爱长安君,触龙抓住这一点引出正题,自然而然有说服力。

第三,推心置腹,动之以情。触龙善于以情感人,情中有理,理中有规劝,推己及人,动之以情晓之以理。

触龙以自己为子女的打算为例,以父母爱子之心联系到赵太后对儿子的疼爱,言语亲和,深入浅出,环环相扣。可怜天下父母心,触龙利用同为父母的心相通、情相通,终于说服了赵太后。

有效的沟通是达成共识、解决问题,最后实现共同利益的基础。而说服技巧则是实现这一目标的重要手段。说服技巧帮助我们有效地传达信息,改变他人的态度或行为,使对方接受我们的建议。

要做到有效的沟通和说服对方,需要注意以下几点。

第一，了解对方的需求和利益。

要想说服对方，首先需要了解对方的需求和利益。只有这样，才能找到最有效的说服对方的方式。比如，如果对方注重健康，我们就可以从保健的角度来说明某个产品或行为对健康的益处；如果对方注重环保，我们可以从环保的角度来说明某个产品或行为对环境的影响。

第二，利用权威和专家的意见。

在社会生活中，人们很重视权威和专家的意见。在沟通中，为了提高沟通效率，我们可以引用权威机构的数据、专家的意见或公众的看法来为自己增强说服力。比如，我们可以引用某种家电设备的研究数据来说明其在生活中的广泛应用，还可以引用销售数据来说明其在市场上欢迎的程度。

第三，以讲故事的形式表达观点。

讲故事是非常能够打动人心的一种方式，我们可以通过讲故事来吸引对方，进而让对方接受我们的观点。比如，我们可以讲述一个关于家居装饰的故事，以此来说明营造温馨家居环境的重要性，引起对方的共鸣。

第四，引导对方的情绪和情感。

在沟通中，我们可以引导对方的情绪和情感，使其接受我们的意见。比如，我们可以使用感人的故事或者有说服力的数据来激发对方的情绪和情感；可以使用幽默或者亲切的语言来缓解对方的紧张情绪和压力。

第五，利用社会压力和群体力量。

社会压力和群体力量可以影响人们的行为，我们可以利用这一点来提高自己的可信度。比如，我们可以用公众的看法或者舆论的导向为自己的观点提供理论支撑，还可以利用社交媒体或者网络平台来扩大自己的影响力。

第六，尊重对方的意愿和选择。

在沟通和说服中，我们要尊重对方的意愿和选择，不能勉为其难，要给予对方选择的自由，这样才能使对方更容易接纳我们的意见。需要注意的是，我们最好能给出多种方案，询问对方更倾向于选择哪一种，而不是只给出一种方案，询问对方是否愿意接受。前者能够引导对方做出一个选择，而后者则更容易被对方拒绝。

拥有强大的说服力，能使人获得更多成功的机会。在创业、求职、销售产品等过程中，掌握一定的沟通和说服技巧，拥有强大的说服力，可以使我们更能说服人，从而赢得对方的信任，获得更多机会。拥有强大的说服力可以增强我们的领导力和影响力，使沟通更为顺畅，让更多的人接受我们的想法并积极行动。在与他人合作、交流或建立信任时，良好的说服力可以让我们更好地传达自己的想法和观点，促进彼此的沟通和合作。

无论是从事销售、公关、管理还是其他职业，都需要具备一定的说服力。例如，销售人员需要说服客户购买产品，公关人员需要沟通各方面的关系，管理人员需要说服员工接受新的策略或计划。

认识到掌握说服力的重要性，通过学习和实践提高自己的说服技巧与沟通能力，可以让我们在生活和工作中更加自信，更具影响力。

2.4 群体心理：大众行为与群体决策

法国大革命发生在 1789 年 7 月 14 日至 1794 年 7 月 27 日，它推翻了长期统治法国的波旁王朝，结束了法国的君主制。

法国大革命不是突然爆发的，而是有着很深的历史渊源。这是一场由矛盾长期积聚而引发的社会革命。在波旁王朝的统治下，局势紧张，社会动荡，人民的不满情绪不断积累。被压抑已久的人民群众逐渐开始了对权威和旧制度的反抗，表现出对平等、自由和民主的渴望。

人民群众对贵族和君主制普遍不满，并由此引发了大规模的抗议活动。这些抗议活动又逐渐演变为暴力事件，进而推动了大革命的进程。同时，人们对新思想新观念的追求，也是引发这场革命的内在动因。在这一时期，自由、平等和民主等思想逐渐深入人心，人们对一种全新的社会充满了憧憬。正因如此，领袖和英雄人物振臂一呼，就赢得了广大民众的积极响应，

> 领袖和革命的发起人由此获得了人民大众的信任支持,在他们的引领下,革命运动愈演愈烈,势如破竹。
>
> 法国大革命期间的群众运动,推动了政治制度的变革和社会的进步,其经验和教训也给后世带来很多思考。

法国大革命是一场群体运动,体现出了群体的意志和追求。由此可见群体心理作用对革命的影响非常大。

在现代社会,群体心理也是企业经营和市场竞争中的一个重要因素。要借助群体心理进行谋局,就必须理解大众行为和群体决策。

大众行为是指在社会生活中,由大量个体所组成的群体的行为。这种行为多表现为自发性、无组织的,但在许多情况下也可能是有组织的。群体决策则是指由一个群体共同参与的决策过程。这种决策通常是在群体成员的共同利益和目标的基础上,通过协商、讨论和投票等方式达成共识。群体决策与大众行为密切相关。

具体来讲,大众行为具有以下三个特征。

第一,盲从与易受标签影响。

大众行为的一个重要特征就是人们倾向于盲从和接受标签。在信息不完全、大众的判断力不足的情况下,人们会表现出一种从众心理,往往会根据他人的判断和行为做决策。这种心理和行为模式在股市、房地产市场和社交媒体上都有所体现。例如,在股市中,一只股票越受买家的追捧,就会吸引越多的跟风的买家,导致股价暴涨;在房地产市场中,人们常常受到"热盘"标签的影响而去争相购买，结果导致市场过热和价格泡沫。

第二，情绪感染与群体极端化。

大众行为常常受到情绪感染的影响。在群体情境下，个体的情绪很容易互相感染，从而形成群体化情绪。例如，在网络时代，一条负面新闻或谣言往往会通过情绪感染在短时间内迅速传播，在群体中引发强烈反响。这种情绪感染可能导致非理性的决策和行为，从而对个人和社会产生负面影响。

第三，认知失调与自我辩护。

在进行决策时，人们常常会出现认知失调，即自己的决策与已有的信念或价值观存在矛盾。为了缓解这种矛盾，人们往往会为自己的行为进行辩解，认为自己的决策是正确的。这种认知失调和自我辩护可能导致人们在没有充分理性思考的情况下做出错误的决策。

在了解了大众行为特征的基础上，再分析一下群体决策需要关注的三个方面。

第一，多样性红利与群体智慧。

群体决策的优势在于可以充分利用多样性红利和群体智慧，通过集思广益和相互协作，使对群体问题的思考更全面，更准确。例如，在风险投资领域，投资者组成一个多元化的团队，对项目的风险和潜力做出更好的评估。这种多样性红利和群体智慧，就可以避免决策中的盲目性风险。

第二，社会压力与群体压力对个体的压制。

虽然群体决策可以带来多样性红利和群体智慧，但个体也会受到社会压力和群体压力的压制。在某些情况下,个体可能会因为担心被群体孤立而屈服于群体的压力,从而放弃自己的观点或原则。例如,一些单位领导的意见往往会影响群体的决策方向。在这种情况下,个体的异议可能会受到压制。如何在保证群体智慧的同时,防止群体压力对个体独立思考的干扰,是群体决策中的一个重要问题。

第三,信息隐藏与透明化策略。

为了防止群体决策受到社会压力和个体偏见的干扰,就要提高信息透明度。通过公开讨论和充分披露信息,可以减小信息不对称和个体偏见对群体决策的影响。例如,在董事会或股东大会上,通过公开讨论和透明化的决策过程,可以保证决策的公正合理。此外,利用现代技术手段,如在线投票和实时反馈系统,也可以提高群体决策的透明度和效率。

在大数据和人工智能技术不断发展的形势下,我们可以将先进技术应用于大众行为和群体决策的研究与实践中,进一步提升谋略的应用效果。

其中,大数据可以帮助我们揭示大众行为的模式和趋势,为制定更有效的谋略提供数学依据。例如,通过分析社交媒体数据,我们可以了解网民的关注和情感倾向,从而制定更精准的营销策略。

人工智能技术可以帮助我们在群体决策过程中实现自动化、智能化。例如,通过机器学习算法,我们可以训练模型自动识别并对大量信息进行处理,从而提高群体决策的效率和准确性。同时,人工智能技术还可以帮助我们设计更合理的协商和投票机制,减少群体决策中的偏见和冲突。

2.5 情感营销：情感与营销策略的结合

江小白酒品出名后，许多人还没饮上一口，便被其酒瓶上的语录吸引住了——

"总觉得没喝够，其实是没聊透。"

"最想说的话，在眼睛里，草稿箱里，梦里和酒里。"

"愿十年后我还给你倒酒，愿十年后我们还是老友。"

这样的文案，富有诗意、深入人心，简洁又有力量，触发消费者的情感需求，通过表达人们内心深处共有的情感、思考和感慨，引起消费者的共鸣。它有时引发人们对友情、爱情和人生的思考，有时触及消费者内心最柔软之处，如回忆、思念、友情和乡愁等。这种情感的共鸣，促使消费者带着某种情结去购买和饮用江小白，不仅享受了酒香，更得到一种情感上的满足和认同。

通过情感交流开展营销，是江小白的独特经销方式，它成功地将自己的产品与消费者的情感联系在一起。酒的生产和销售，不仅成了一种商业行为，而且得到了升华，成了一种情感的纽带。当人们购买、饮用江小白时，不仅是在享受酒的味道，更是在体验一种情感的共鸣和宣泄。这样的营销策略不仅增加了产品的附加值，也加深了消费者对品牌的认同感和忠诚度。

情感营销不仅是一种创意或促销手段，实际上，它还是一种战略性营销策略。情感营销将品牌定位、市场细分、产品定位等核心营销策略紧密连接在一起，通过深入了解消费者的情感需求和心理，将品牌价值观与消费者的情感需求相联系，树立强大的品牌形象，提高消费者的忠诚度。这是一种长期的、系统性的战略性营销策略，而不是简单的短期行为。

实施情感营销的策略需要巧妙运用情感元素，可以从下面四个角度入手。

第一，挖掘情感需求，精准定位。

开展情感营销的第一步就是要深入挖掘消费者的情感需求，精准定位目标人群。要做到这一点，就要对市场进行细分，找出目标消费者的共同情感特征，为情感营销奠定基础。因为消费者的需求是多样化和个性化的，所以，情感营销也要体现出多元化。不同的消费者群体会表现出不同的情感需求和心理特征，因此企业就要有针对性地制定不同的情感营销策略。同时，情感营销还要体现个性化，通过定制化的广告、活动、礼品等方式，给予消费者品牌服务，这样可以与消费者建立更加紧密的情感联系。

第二，创意呈现，触动心弦。

要想进行成功的情感营销，就要有新颖的创意。企业需要将情感元素通过富有新意的方式融入产品或服务中，通过广告、宣传片、微电影等多种方式，触动消费者的心弦，让消费者有耳目一新，眼前一亮之感，特别是要让消费者与品牌产生情感共鸣。同时，企业还需要注重创新的技术手段和营销方式，如虚拟现实、增强现实等技术，以及社交媒体、短视频等新媒体平台，不断提高情感营销的效果。

第三，持续互动，深化情感联系。

情感营销不是一次性的行为，而是需要持续互动，深化与消费者之间的情感联系。企业可以采取很多形式，比如通过社交媒体、在线客服、调查问卷等，与消费者实时互动和沟通，根据消费者的需求和反馈意见及时调整情感营销策略。同时，通过持续互动，企业能与消费者建立更加紧密的关系，提高消费者对品牌的忠诚度，赢得消费者的口碑，从而形成口碑效应。

第四，注重品牌形象，传递价值观。

情感营销的核心在于通过情感共鸣来提高品牌价值和竞争力。因此，企业需要通过情感设计、广告、活动等方式，向消费者传递品牌形象和价值观。同时，企业还需要保证品牌形象和价值观的持续性与一致性，确保消费者对品牌的认知和信任度不断提高。

情感营销可以为企业在消费者心中塑造出更加鲜明、独特的品牌形象。这种形象易于识别，而且能使消费者在众多品牌中拥有归属感。

消费者与品牌建立了深厚的情感，就会大幅提升其对品牌的忠诚度。这种忠诚度不仅表现为持续的购买行为，还表现为消费者对品牌的积极推荐和拥护。通过触动消费者的情感需求，企业能够吸引更多潜在消费者，进而扩大市场份额。

我们应当承认，情感营销具有很高的价值，但风险也是不可避免的。例如，如果企业不能准确洞察消费者的情感需求，很有可能导致营销策略失效；另外，过度渲染情感，也会令消费者产生反感。所以，为应对这些风险，企业应注重以下三点。

第一，真实性原则。

情感营销的基础就是真实，要避免过度渲染和夸张。企业要真诚地与消费者进行沟通，传递真实的品牌情感价值。

第二，尊重个体差异。

不同的消费者具有不同的情感需求，要尊重个体差异，避免"一刀切"的情感营销策略。企业应通过数据分析和市场研究，制定针对性的情感营销策略，这样才能满足不同消费者的情感需求。

第三，及时调整策略。

情感营销策略并非一成不变，企业应时刻关注市场动态和消费者反馈，及时调整情感营销策略，以确保策略的有效性和适应性。

大数据和人工智能技术的不断发展，为情感营销提供了支撑，情感营销可以充分借助这些技术来实现更精准的目标定位和效果评估，及时收集和分析消费者的社交媒体互动、购买行为、反馈意见等数据，据此深入了解消费者的情感需求和心理，从而制定更加精准的情感营销策略。同时，人工智能技术也可以帮助企业自动生成个性化的情感营销内容，提高营销效率和质量。

Part
3

谋局之舞:灵活应变

3.1 随机应变：根据情况灵活调整策略

抗美援朝战争第二次战役发生于1950年11月7日到12月24日，中国人民志愿军在朝鲜人民军配合下，将美国为首的"联合国军"及其指挥的南朝鲜（韩国）军诱至预定战场后，对其突然发起反击，是扭转朝鲜战局的战役。在此次战役中，经过激烈战斗，志愿军38军113师的弹药已经消耗殆尽，急需补充。

113师师长江潮发现敌人溃逃时丢下很多武器弹药，还有大量的装备给养，他立刻命令部队，在夜色的掩护下，搜集战场上敌人丢弃的物资。部队一边急行军，一边换上装备，美式卡宾枪换下了三八大盖，弹药也是足足的，步枪、机枪和迫击炮，都配发了足够的弹药，伙食也得到了改善。

由于战事紧急，部队要在14小时内紧急行军140里山路，道路崎岖，还要翻山越岭。这时，拂晓即将到来，距离三所里还有 15 公里。天亮以后，我军很可能会被敌机发现，当时我军没有空中掩护。紧急情况下，师长江潮表现出了大智大勇，他命令战士们扔掉伪装，在大路上放开大胆地行军。

这一招果然蒙蔽了敌机，敌人早已知道我军惯于夜间行军，白天很难被人发现行踪，所以，当敌机发现这支在大路上大摇大摆地行军的队伍时，还以为是从前线败退下来的南朝鲜军队，敌机甚至还把情况报告给三所里前线的敌军，让他们为这支溃退下来的部队准备吃喝。

就这样，113 师部队按时到达三所里，然后立刻修筑工事，准备战斗。

作为一种重要的谋略思维，随机应变在军事、政治、商业等领域都有着广泛的应用。其核心思想就是在复杂多变的情况下，在深入了解当前形势和未来趋势的基础上，灵活地调整策略，以适应不断变化的环境和局面。这种思维方式既有助于应对当前的问题和挑战，也为未来的发展和竞争打下坚实的基础。

随机应变表面上看是灵机一动，实际上也要做足功夫，对各种情况都有足够的了解，才能在发生突发事件时迅速做出正确的决策。要想做到随机应变，不仅要了解事物的表面特征，更要了解其内在规律、发展趋势以及潜在风险。

在面对突发事件时，只有具备敏锐的洞察力和清晰的逻辑思维能力，我们才能迅速进行分析，对风险进行评估，从而制定解决方案。

只有具备灵活的思维方式和丰富的经验，从不同的角度看待问题，我们才能在情况陡转时，发现新的解决方案和机会。

要想做到随机应变，我们可以从以下五个方面加以努力。

第一，深入了解当前的形势和未来的趋势。

要想灵活调整策略，就必须深入了解当前的形势和未来的趋势。这不是对市场环境、政策法规、技术发展、消费者需求和竞争对手的简单了解，而是要进行全面、深入的分析。例如，市场环境包含了消费者偏好、市场规模、市场增长率等多方面的信息，对这些信息，我们都要进行深入的研究。同时，我们还要深入了解政策法规。另外，技术发展会对产品和服务形态产生影响，消费者需求的变化也会对市场定位产生影响，竞争对手的动态也会影响到我们的市场份额。对这些信息，我们都不能放过，要不断地收集和分析。这样，我们才能更好地预测未来的趋势，从而制定出适应未来变化的策略。

第二，制定多个备选方案。

在制定策略时，我们需要对各种可能性和风险做出预判，避免"把所有鸡蛋放在一个篮子里"。这就需要我们针对不同的情境和条件制定备选方案。例如，如果我们的主打产品在市场上遭遇挑战，就要有备选产品随时准备替代。如果政策环境发生了变化，我们就要转入备选的市场。这些都需要我们做出预案。在备选方案上做足功课，当我们面临突发情况时才能迅速应对，有更多的选择余地。

第三，持续学习和改进。

面对复杂多变的市场，我们只有根据实际情况不断地学习和改进，才能临危不乱、沉着应对。通过对实践进行总结和分析，我们可以及时发现策略中存在的问题和不足，并及时进行调整和改进。例如，如果我们的产品在市场上反响平平，就要反思，是产品定位有问题，还是市场推广策略不合适。同时，我们还要关注行业的动态和最新的技术发展，不断更新知识和技能。如果所在的行业出现了新的技术或新的商业模式，我们要及时了解和学习，并尽可能加以应用。

第四，培养创新思维。

要想灵活调整策略，就要具有创新思维能力，只有这样，我们才能从不同的视角看待问题，发现新的解决方案和机会。在生产经营和市场竞争中，我们可以运用各种创新思维方法和技术来激发灵感和创意。例如，头脑风暴就是一种激发团队创意思维的好方法，通过 SWOT 分析[①] 来了解我们的优势和劣势以及面临的机会和挑战，通过逆向思维来调整传统的观念和做法。这些都可以帮助我们打破思维定式，发现新的可能性。

第五，建立快速反应机制。

应对复杂多变的环境，需要建立快速反应机制。通过建立快速反应机制，我们能在短时间内做出正确的分析和判断，并迅速调整策略，这样才能在竞争中抓住机遇，站稳脚跟，立于不败之地。例如，如果市场上突然出现了一个新的竞争对手或者一个新的机会，我们就要及时调整策略。这

---

① SWOT 分析，即企业基于内外部竞争环境和竞争条件下的态势分析。

种快速反应机制包括信息收集和处理系统、决策支持系统以及团队协作机制等方面的建设和完善。为此，我们需要建立一个高效的信息收集和处理系统，这样才能及时获取和处理相关的信息；我们还需要建立一个科学的决策支持系统，以便在面临复杂问题时迅速做出应对决策；同时，我们还要建立一个协作良好的团队，这样才能在必要的时候迅速集结力量应对挑战。

3.2 见机行事：抓住时机，乘势而上

20世纪90年代末，互联网进入了蓬勃发展的时代，信息呈爆炸性增长态势。但是，当时的搜索引擎技术却相对滞后，无法满足用户准确、快速搜索的需求。很多搜索引擎还存在广告干扰、搜索结果质量参差不齐等问题，严重影响了用户的使用体验。

在这样的背景下，谷歌应运而生，它是由拉里·佩奇（Larry Page）和谢尔盖·布林（Sergey Brin）共同创立的。他们凭借在计算机科学领域的深厚背景和卓越的技术能力，开发出了一种先进的搜索算法，即 PageRank 算法。这种算法通过对网页之间的链接进行分析并排序，从而提供更准确、更相关的搜索结果。

拉里·佩奇和谢尔盖·布林利用这一算法技术，推出了谷歌（Google）搜索引擎。与当时的其他搜索引擎相比，谷歌搜

索引擎具有更简洁、高效的界面设计，排除了广告的干扰，专注于提供更高质量的搜索结果。通过谷歌搜索引擎，用户可以快速找到所需的信息，搜索效率大大提高。

谷歌搜索引擎推出后，受到广泛的欢迎，用户数量不断攀升，谷歌的市场份额也在短时间内快速增长。为了满足用户不断增长的需求，拉里·佩奇和谢尔盖·布林继续投入大量资源进行技术研发和创新，不断推出新的功能和服务。

谷歌搜索引擎的成功为谷歌公司的发展奠定了坚实的基础。谷歌搜索引擎在市场的领导地位确立后，拉里·佩奇和谢尔盖·布林又向其他领域进行拓展，谷歌地图、谷歌邮箱等一系列创新产品接连问世，形成了完整的互联网服务体系。这些产品和服务赢得了用户的充分肯定，获得巨大的成功，谷歌的市场地位得到了巩固。

时机稍纵即逝，要想获得成功，就要主动出击把握机遇。拉里·佩奇和谢尔盖·布林可谓这方面的典范，他们成功地抓住了互联网蓬勃发展而搜索引擎技术尚不成熟的时机，凭借先进的技术和搜索算法，迅速占领了搜索引擎市场，并在此基础上不断拓展业务领域，成为全球最大的搜索引擎公司。

在激烈的市场竞争中，只有抓住时机，敏锐地洞察市场变化，并采取及时有效的措施，灵活应对，才能取得成功，这对企业和个人的发展都具有重要的意义。

"抓住时机"是"见机行事"的核心。只有判断准确，我们在关键时刻才能采取果断行动，达到预期的效果。那么，如何准确判断时机呢？我们可以从下面三个方面去努力。

第一，我们要对局势进行深入的分析和研究。

这要求我们必须具备全局观念，能够从宏观的角度看待问题。在谋局的过程中，我们需要对各种资源、力量和因素进行全面考虑，尽可能把握住各种可能影响局势发展的因素。只有这样，我们才能准确地判断形势，抓住最佳时机。

第二，我们要善于观察和捕捉信号。

在谋局过程中，不要放过任何小信号，因为它们可能预示着大趋势的变化。我们需要通过观察和捕捉这些信号，及时调整自己的策略和行动。在观察过程中，我们要保持敏锐的嗅觉，关注身边的细微变化，因为这些细节往往能够反映出事物的本质和趋势。例如，在市场竞争中，我们要关注消费者的需求变化、竞争对手的动态、政策法规的调整等，这些都可能影响到未来的发展。

第三，我们要保持敏锐的洞察力和警觉性。

在复杂多变的局势中，任何疏忽都可能导致失败。因此，我们需要时刻保持高度的警觉，及时捕捉每一个重要的变化。同时，我们不能只看到眼前的利益，而是要着眼于长远的发展。只有具备长远的眼光，我们才能做出符合未来发展趋势的决策，把握住更大的机遇。

在准确判断时机后，我们只有果断采取行动，才能抓住机遇。机会是稍纵即逝的，如果我们犹豫不决，就会错失良机。我们要敢于创新，勇于尝试，但这并不意味着轻率或鲁莽，而是要在充分思考和分析的基础上，迅速做出决策并付诸实践。在当今瞬息万变的时代，任何延迟都可能导致机会的丧失。因此，我们需要迅速做出决策，并全力以赴地付诸实施。

在采取果断行动的同时，我们还要乘势而上。这意味着，我们要善于利用各种有利条件和因素，推动局势朝着有利于自己的方向发展。

具体来说，我们需要做到以下几点。

第一，明确自身优势。

清楚地认识和理解目前的优势是什么。这些优势可以是产品、服务、品牌知名度，也可以是市场份额、客户忠诚度、技术实力等方面。了解这些优势后，我们就可以更好地加以利用。

第二，强化自身优势。

一旦我们明确了自己的优势，下一步就是对此进行强化。例如，如果我们的产品受到好评，接下来就要考虑进一步研发或改进，使其在市场上更具竞争力。如果我们的品牌知名度高，那么可以加大宣传力度，扩大影响力。

第三，巩固现有客户，吸引新客户。

利用我们的优势来巩固与现有客户的关系，并吸引新客户。例如，提供卓越的客户服务，推出有吸引力的促销活动，与其他企业建立合作伙伴关系。

第四，建立防御策略。

当我们的企业处于优势地位时，势必会遇到竞争者。因此，建立防御策略来保护我们的市场份额和利润就成了当务之急。这可以通过专利保护、品牌建设或建立战略合作关系等方式来实现。

乘势而上时，我们要保持冷静和理智，因为在顺境中人们容易骄傲自满，失去理智。所以，我们要时刻保持清醒，不要被胜利冲昏了头脑。同时，我们还要善于总结经验教训，不断完善自己的战略和计划。

3.3 杠杆原理：
以小博大，四两拨千斤

BuiltWith成立于2007年，这家公司主要为用户提供分析工具，也就是分析一个网站的技术构成所涉及的分析工具与追踪工具、小部件、标准开发框架、建站程序、内容管理系统、广告商、内容分发网络、web标准和web服务器等。

据悉，BuiltWith的技术能够对全球6亿多个网站进行追踪，并对其所使用的技术进行分析。不仅如此，它还能为客户提供互联网技术发展趋势、潜在客户开发流程的分析，以及电子商务网站的销售情报、市场份额比例等情况。

说来，BuiltWith的建立还要追溯到其创始人加里·布鲁尔（Gary Brewer）偶然迸发的灵感。加里·布鲁尔早年对许多初创公司的网站非常感兴趣，他特别关注这些公司的源代码，并由此分析这些网站的构建技术。后来，他有了一个想法，那就是创建一个技术平台，对这些技术步骤进行简化。于是，一个自动化的、简便的网站分析工具 BuiltWith 在他的手中诞生了。随着时间的推移，BuiltWith 能够追踪的网站增加了数亿个，功能也在不断增加和完善。

除了加里·布鲁尔之外，BuiltWith 此前还有一个联合创始人安德鲁·罗杰斯（Andrew Rogers），他于 2011 年加入公司，并且建议加里辞去工作全职开发 BuiltWith。他还试图增加员工数量并建立更标准的规范，将 BuiltWith 的商业体系变得更为成熟。但加里·布鲁尔认为，增加人手和加大销售力度并不能带来很好的转化率。如果用户需要，他们就会直接购买，并不需要额外的市场销售人员。

加里·布鲁尔还设计出许多简化流程，释放了人力。比如，他创建了自动回复功能，如果有人遇到了新问题，他就会写一篇新文章，并制作一个 20 秒的视频来展示所需步骤。对于常见的退订问题，加里·布鲁尔也通过改进，让退订变得尽可能容易起来。

BuiltWith 并没有一个通常所说的运营团队，也不需要销售人员、工程师等，一切都实现了自动化。就连安德鲁最终也离开了，虽然他依旧担任顾问的角色。

通过 BuiltWith 的成功案例，可见技术杠杆在现代商业中的重要作用。通过高效技术，BuiltWith 实现了"0 雇员"的商业模式，创造了巨额的年营收。这个案例为其他企业提供了一个很好的借鉴。

杠杆原理展示了一种神奇的力量。古希腊科学家阿基米德说："给我一个支点，我将撬动整个地球。"其实，在现实生活中，杠杆原理还具有广泛的意义，它不仅应用于物理学领域，在经济、金融、管理等多个领域，也都有着深刻的影响，它不仅是一种物理现象，更是一种智慧和策略。

在激烈的市场竞争中，人们都希望以最少的代价实现最大的价值，这不仅是一种梦想，也在不断成为现实。杠杆原理就是一种以小博大，以四两拨千斤的策略，通过借力来实现更大的成果。在商业投资和个人发展等领域，充分运用杠杆原理能帮助我们更有效地实现目标。以下三点可以帮我们理解并运用杠杆原理。

第一，利用他人的资源和专长。

与他人合作并建立良好的人际关系，是实现杠杆效应的关键。通过与他人合作，我们可以实现资源、知识和技能的共享，从而提高工作效率，获得更大的成功。比如在商业领域，我们可以寻找合作伙伴、投资者或顾问，由此获得资金、市场渠道或专业知识。再比如，我们可以建立一个强大的人际网络，与他人互相学习、互相帮助，共同成长，来促进个人发展。

利用好外部杠杆，能放大自我优势，获取更多的资源和支持。选择一个有前景的平台，你就能站在巨人的肩膀上，发现更广阔的市场和机会。同时，建立多元化的人脉网，串联不同领域的人员，在关键时刻，你就能及时抓住机遇，在市场竞争中脱颖而出。

第二，做好知识储备。

现代社会中最有价值的资源是知识，我们若想提高自身价值，就要多学习新知识，要舍得在这上面花工夫。

杠杆原理在这里主要体现在三个方面。①知识杠杆。通过学习，能使知识变成杠杆，使你更快地适应新的环境，进而提高自身的竞争力和市场价值。掌握新的知识和技能，还能增加自身的专业能力和知识储备。②经验杠杆。长期积累的经验，也会形成杠杆，它可以使你更好地掌握所学知识，并将其应用于实际工作中，提高工作效率和质量，同时带来更多的就业机会和晋升空间。③创意杠杆。创造力和想象力可以形成创意杠杆，利用这个杠杆，我们可以发现新的商业机会和市场趋势，把握新的机遇，激发个人的创新思维和创业精神，进而带来更多的商业机会和价值。

第三，借助金融杠杆。

金融也是一个"杠杆"，它是指通过借款、投资等方式，利用他人的资金来实现自己的财富增长。金融杠杆可以帮助我们扩大投资规模，提高投资回报。需要注意的是，金融杠杆是一把"双刃剑"，如果使用不当，有可能导致巨大的损失。因此，在运用金融杠杆时，我们需要谨慎评估风险，确保自己具备足够的还款能力，以免陷入债务危机。同时，我们还要学会合理规划财务，进行多元化投资，以降低风险提高收益。

把"利用他人的资源和专长"与"知识储备"叠加使用，会产生更好的效果。通过内部杠杆提高个人能力，提升自身的核心竞争力；通过外部杠杆选择一个有前景的平台和建立多元化的人脉网络，为自身的发展提供更多的机会和支持。最后，在关键时刻抓住机遇，实现自身的价值提升，才能得到最好的发展。

3.4 微观看势：洞察细节，把握机遇

说起"定制服务"，人们并不感到陌生，但NIKE提供的"Nike By You"定制服务，却有着很多独特的地方。它根据消费者的喜好和需求为消费者设计与定制独特的运动鞋，提供了多种选择，比如鞋款、颜色、材质和细节，由此打造出专属于个人的独特鞋款。

Nike为顾客提供了多种热门鞋款，如AirForce1，AirMax，DunkLow，Blazer等。这些鞋款时尚新颖，适合各种场合和需求，很受顾客欢迎。

顾客不仅可以根据自己的喜好选定鞋款，还可以选择不同的颜色、图案和材质。在这方面可供选择的颜色非常丰富，包括基本色、金属色、荧光色等。此外，Nike还为顾客提供了多种材质，如皮革、织物、合成材料等。

顾客不仅可以从整体上选择款式，还可以请设计师在细节

上进行个性化的设计，如鞋带、鞋舌、鞋底等。另外，还可以在此基础上添加顾客的名字、特殊图案或标志，这样的鞋子自然就更具个性和独特性。

定制服务更符合消费者的意愿，使其穿在脚上无比舒适。Nike By You 定制服务展示了顾客的个性和品位，使顾客拥有一双既时尚又舒适的专属鞋款。这种定制服务在市场上受到了广泛的欢迎，成为 Nike 品牌的一大竞争优势。

其实，NIKE 定制服务关注的就是顾客个性化的需求，这种设计理念帮助 NIKE 在竞争中取得了领先优势。关注个性化需求、多样化选择、舒适度、技术创新、品牌形象等方面的细节，不仅满足了顾客的需求，实际上也抓住了市场趋势。

微观看势就是从微观角度看待问题，强调对细节的关注和分析。在谋局中，微观看势能使我们发现那些看似微不足道的细节，而这些细节往往会对整个局势产生深远的影响。不管是在商业领域还是其他领域，微观看势都可以对我们产生极大的助益。我们可以从以下四个方面利用微观看势。

第一，关注细节，见微知著。

我们要充分认识到，细节对于成功的重要性，细节可以帮助我们在各个领域取得优势。比如，深入了解用户需求和市场趋势，再对这些信息进行分析，就可以精确地定位产品，满足消费者的需求。再比如，对智能手机制造商来说，关注用户对摄像头、处理器、电池续航等方面的需求，就可以在产品设计中对其进行优化。

我们要对细节进行充分的分析和预测。在市场竞争中，关注竞争对手的产品特点、价格策略、营销手段等，以便制定出更有效的营销策略。此外，对市场趋势进行预测可以帮助我们提前布局，抢占市场份额。例如，随着环保意识的提高，越来越多的消费者开始关注产品的环保性能。我们要通过关注这一趋势，提前推出环保产品，从而在市场中占得先机。

第二，细分市场，精准定位。

细分市场就是根据消费者的特征、需求和行为，对市场进行划分，形成具有相似需求和特点的消费者群体。这样有助于我们更精确地了解目标客户，从而为他们提供更符合需求的产品和服务。例如，在饮品市场中，我们可以根据消费者的口味、年龄、性别、地域等因素进行市场细分。针对年轻人，我们可以推出口感独特、包装时尚的饮料；针对中老年人，我们可以推出健康养生、口感适中的饮料；针对女性消费者，我们可以推出低糖、低热量的饮品。通过这样的市场细分，我们可以更好地满足不同消费者群体的需求，提高市场竞争力。

此外，我们还要进行精准定位，在细分市场的基础上，明确自己的竞争地位和目标客户，根据目标客户的需求和期望，为他们提供独特的服务。精准定位能使产品在市场中脱颖而出，吸引更多的目标客户。例如，某家运动品牌将自己定位为专为专业运动员和运动爱好者提供高性能、高品质的运动装备，从而吸引这部分消费者。通过精准定位，我们就可以更好地传达品牌价值，提升品牌形象。

第三，发现潜在机遇。

无论是在激烈的市场竞争中，还是在其他领域，要想获得优势地位，就必须具备敏锐的洞察力。很多潜在机遇就隐藏在细节中，我们要及时发现并把握这些细节。以电子商务领域为例，随着互联网的普及和移动支付技术的发展，越来越多的消费者选择在线购物。其中，就有很多细节值得关注，如支付方式、售后服务、物流配送等。一些电商平台在这些细节上做足了功夫，成功吸引了大量消费者，使自己从众多电商平台中脱颖而出。

第四，把握市场趋势。

通过对市场数据进行细致分析和研究，我们能深入了解市场的变化和趋势，抓住机遇，做好预案。这种敏锐的洞察力对于任何工作都是至关重要的。以服装行业为例，关注时尚潮流和消费者喜好的变化，及时调整产品设计和营销策略，通过对时尚杂志、社交媒体、时尚博主等渠道的信息收集和分析，就可以了解当前的流行趋势和消费者需求。此外，还可以通过市场调查、消费者访谈等方式，收集第一手数据，以便更准确地把握市场动态。

洞察细节对各行各业都是同等重要的。在科技、文化、企业经营各个领域，我们都要关注发展的趋势和变化，这样才能及时调整研发方向，抢占市场先机。

总之，各行各业都需要具备敏锐的洞察力，关注细节，把握市场趋势，这样才能在竞争中保持领先地位。

3.5 危机处理：
快速响应，化解危机

2012年，肯德基供应商因为使用抗生素和激素喂养的速成鸡作为原料，在中国被曝出"速成鸡"丑闻，消费者对此类鸡肉的安全性和质量表示担忧，肯德基品牌形象因此而受损。

事件曝光后，肯德基迅速采取行动，不仅在官方微博上发布了道歉信，承认在鸡肉供应链上存在安全隐患，并表示将严肃整改，淘汰了千余家存在潜在风险的鸡舍，确保鸡肉安全；改进对供应商的抽样复检方式，避免问题产品进入物流体系，提高供应商对食品安全的管控能力，并主动及时向政府主管部门通报企业自检发现的问题，接受政府的监督管理，在内部和外部沟通方面都采取了更加快速透明的措施，使消费者及时了解其整改情况。

"速成鸡"事件对肯德基的品牌形象影响非常大，但正所谓"亡羊而补牢，未为迟也"，通过采取有效措施积极应对，肯德基成功地挽回了消费者的信任。可见，在危机处理中，真诚的态度和实际行动至关重要。同时，这也提醒我们，在生产经营中，一定要重视各个环节的监管，以保障消费者的健康和安全。

我们随时都会遇到自然灾害、人为事故，或组织内部矛盾这类的危机事件。危机处理既是对组织能力的考验，也是对领导者智慧的检测。那么我们如何才能正确处理危机呢？可以按照下面三步走。

第一，预防危机，未雨绸缪。

（1）要树立危机意识。通过培训和教育，使员工具备基本的危机意识和应对能力。通过模拟演练、案例分析和经验分享等方式，锻炼员工应对能力，提高他们的应变能力；让员工了解过去的危机事件，从中吸取教训，以免重蹈覆辙；员工之间应互相学习，共同提高危机应对水平。

（2）要建立危机处理机制，包括预警机制、响应机制、协调机制等。预警机制，通过收集和分析各种信息，对可能发生的危机进行预测，并提前做好应对准备。这需要我们进行定期的风险评估，以便了解各方面的潜在风险。同时，设置警戒线，抢在危机发生前察觉异常情况。此外还要建立应急响应机制，制定应对危机的具体措施，明确责任人，完善协调机制等。

（3）要构建沟通网络，确保组织内部信息畅通，及时传递危机信息，以便做出快速响应。建立高效的信息传递渠道，确保员工在第一时间了解危机情况。同时，与外部利益相关者保持良好沟通，以便在危机发生时获得支持和协助。这样，我们才能在危机来临时迅速调动资源，共同应对挑战。

第二，管理危机，临危不乱。

成立危机管理小组。危机管理是危机应对的关键，在危机发生后，我们需要立即启动应急响应机制，迅速做出判断和决策。这包括成立危机管理小组，负责统一指挥和协调各方资源。危机管理小组应由具有丰富经验和专业知识的人员组成，以便在危机中迅速制定有效的应对策略，同时，确保各部门之间的紧密协作，形成合力，共同应对危机。

信息公开对于危机应对具有重要意义。在危机发生后，我们需要及时、准确、全面地公开危机信息，避免谣言传播，引发争议。另外，还要通过信息公开，消除公众的恐慌，稳定秩序。同时，确保信息的真实性和透明度，这样才能以诚恳的态度，为后续处理创造有利条件。

危机公关的作用不容忽视。我们需要与各方保持良好关系，制定公关策略，安排专访，开展公益活动，以此修复自身的形象。在危机公关过程中，我们需要展现出诚恳、负责任的态度，积极回应公众关切，传递正面信息。同时，通过公益活动，展示对社会责任的担当，这样才能提升公众的认可度和信任度。

第三，恢复工作，重建信任。

（1）对危机影响进行全面评估。评估内容包括财务损失、品牌声誉损害以及客户关系等，为后续的恢复工作提供依据。同时，要及时发现危机应对过程中的不足之处，为今后的危机管理提供借鉴。

（2）制订恢复计划。在全面评估危机影响的基础上，制订详细的恢复计划，明确恢复的目标、策略和时间表。其中包括财务恢复、业务恢复、人力资源恢复等多个方面，确保各方面都能逐步恢复正常运作。恢复计划要体现灵活性，根据实际情况随时进行调整。

（3）落实恢复措施。将计划中的措施逐一落实，比如加强内部管理，优化业务流程，提升产品质量，以及加强与客户、供应商和合作伙伴的沟通等。在这个过程中，我们应关注员工的心理健康，提供必要的心理支持，帮助他们化解危机带来的困扰。

（4）总结经验教训。在危机恢复工作完成后，我们要认真进行总结，为今后的危机管理提供参考。分析危机原因、评估应对措施的有效性，以及梳理恢复过程中的成功经验和不足之处。通过总结经验教训，我们可以不断优化危机管理机制，提高组织抵御危机的能力。

在危机恢复过程中，我们要同时积极与外部利益相关者进行沟通，告知危机恢复的进展情况，通过有效渠道与公众进行互动。通过积极沟通，重建信任，为今后的长期发展创造良好环境。

当然，我们也要发现危机中隐藏的机遇，要具备敏锐的洞察力和判断力，善于发现并利用这些机会。例如，通过创新解决方案来应对危机，或者利用危机来推动组织的变革和转型等。此外，还要通过积极应对危机展示责任感和担当精神，积极参与社会责任项目等，调整、修复和强化自身形象和声誉。

Part

4

谋局之友：联盟力量

4.1 合作共赢：建立强大的联盟网络

2005年左右，联想已经成为中国最大的个人电脑制造商，但其在国际市场上的份额还相对较小。与此同时，IBM的个人电脑业务（PCD）在全球激烈的市场竞争中，地位逐年下滑，前景堪忧。为了挽回颓势，IBM决定将发展重点转向更具盈利空间的服务和软件业务，因此寻求出售其个人电脑业务。

从2004年底开始，联想就收购IBM个人电脑业务与IBM开始进行谈判。双方于2005年5月1日正式宣布达成战略合作协议。根据协议，联想以17.5亿美元的价格收购IBM的个人电脑业务，其中包括6.5亿美元现金、6亿美元的联想股份以及承担约5亿美元的IBM净负债。

通过这次合作，联想成功收购了IBM的个人电脑业务，包括知名的ThinkPad笔记本电脑和ThinkCentre台式电脑。这

> 次收购不仅使联想在全球市场上的份额大幅提升，成为全球第三大个人电脑制造商，仅次于戴尔和惠普，同时，也使IBM获得了资金和联想股份，可以专注于服务和软件业务的发展。

这项合作让两家企业实现了双赢，这主要表现在以下几方面。

第一，双方达成资源共享和优势互补。联想通过收购IBM的个人电脑业务获得了很多宝贵的资源，比如研发、品牌和销售网络等。结合自身在亚洲市场的强大影响力，联想成功开拓全球市场。

第二，双方都提高了研发效率，减少了经营风险。联想通过学习借鉴IBM的供应链管理和生产经验，生产效率和管理水平得到提高。IBM则通过剥离非核心业务，专注于核心业务，降低了经营风险和成本。

第三，联想通过这次合作完成了创新驱动和品牌建设。联想借助IBM的研发实力和技术积累，推动了产品的创新和升级换代。同时，联想还借助IBM的品牌知名度和信誉度，提升了自身的品牌形象和市场地位。

第四，改变了全球市场布局。通过收购IBM的个人电脑业务，联想迅速进入全球市场，提高了国际竞争力。IBM也通过合作进一步巩固了其在全球PC市场的地位和影响力。

当今世界高度互联，合作与联盟的重要性比以往任何时候都更加突出。无论从国家还是企业，或者个人，建立强大的联盟网络，都能帮助我们实现资源共享，优势互补，提高效率，减少风险，更有效地应对复杂多变的外部环境。建立强大的联盟网络，可以从以下几方面着手。

第一，明确目标，寻找合适的合作伙伴。

要想建立联盟网络，需要先明确自己是为了扩大市场份额，提高竞争力，还是为了获取特定的资源或技术？只有目标明确，才能有针对性地寻找符合自身需求的合作伙伴。而要做到这一点，就要深入了解潜在合作伙伴的业务范围、资源优势、信誉状况以及合作历史等。只有选择能够与自身优势互补、战略目标一致的合作伙伴，才能大大提高联盟的成功率。

第二，建立良好的沟通机制，强化信任关系。

从本质上说，联盟是一种建立在相互信任和尊重基础上的合作关系。因此，良好的沟通机制和强化信任关系对联盟各方来说都是至关重要的。双方需要充分了解彼此的需求、期望和底线，这样才能在合作中相互支持，共同解决问题。同时，通过定期的沟通与协商，可以及时解决合作中的分歧和矛盾，确保合作的稳定和长期发展。

第三，制定明确的合作协议，合理分配资源与风险。

合作伙伴一旦确定，双方就要签订明确的合作协议，其中应包括合作目标、责任与义务、资源投入与分配、收益分配、风险承担等内容。在制定协议时，要充分考虑各方的需求和利益，确保协议的公平性和可持续性。同时，为防患于未然，各方应共同制定应对策略，合理分配风险与资源。

第四，加强联盟管理，提高协同效应。

要想建立一个强大的联盟，不仅需要良好的合作伙伴关系，还需要有效的联盟管理机制。加强联盟管理，能提高各方的协同效应，实现资源共享和优势互补，提高整个联盟的竞争力。此外，对于表现优秀的合作伙伴，要给予适当的奖励和激励，这样才能增强联盟的凝聚力和向心力。

第五，持续优化联盟结构，保持动态平衡。

因为外部环境和内部条件都会出现变化，所以我们还要对联盟结构不断进行调整和优化。对于不再符合战略目标的合作伙伴，可以适时进行调整或更换；同时，积极寻求新的合作伙伴，注入新的资源和活力。为了保持联盟的活力和竞争力，我们还可以采取多元化的合作形式，如项目合作、技术研发、市场推广等。灵活多样的合作方式，能满足不同阶段的需求，实现更高效的资源整合和价值创造。

第六，培养跨文化沟通能力，应对全球化挑战。

在全球化的背景下，不同国家和地区之间的文化差异对联盟的影响日益显著，所以，培养跨文化沟通能力就成了建立强大联盟的当务之急。这就需要我们深入了解合作伙伴的文化背景和价值观，理解其需求和期望，增强沟通效果。同时，在面对全球化挑战时，双方可以集思广益，相互支持，共同发展。

需要注意的是，在建立强大的联盟网络时，还要建立健全法律保障体系，包括知识产权保护、商业合同履行风险防范等，这也是至关重要的环节。法律保障能降低合作中的风险和不确定性，保证双方的利益不受侵害。此外，对于涉及跨国合作的联盟，还应特别关注国际法律法规和政策环境的变化趋势，制定相应的应对策略，以规避潜在风险，保障联盟的稳定发展。

4.2 互相学习：联盟中的知识共享与成长

随着电动汽车产业的迅速崛起，许多企业都开始了对电动汽车的研发和推广工作。但这项技术的研发具有很高的难度，电动汽车企业在发展过程中不可避免地遭遇技术瓶颈和研发难题。

为了解决这些难题，全球知名的电动汽车制造商特斯拉（Tesla）在2014年采取了一项大胆且具有前瞻性的举措。它的首席执行官埃隆·马斯克（Elon Musk）宣布，特斯拉免费向其他汽车制造商开放其所有电动汽车专利，其目的就是促进全球电动汽车产业的发展，降低行业壁垒，鼓励更多的企业参与电动汽车技术的研发和应用。

果然，此举在该领域产生了重要的影响。

首先，特斯拉公司开放专利技术后，其他企业和开发者可以使用其核心技术，这极大地推动了电动汽车产业的发展。许多汽车制造商开始将电动汽车纳入其产品线,并不断推出新的车型和改进版本。同时,还有一些企业开始研发和推广电动巴士、电动货车等公共交通工具,进一步扩大了电动汽车的应用范围。

其次,特斯拉公司开放专利技术后,不仅使其他企业和开发者从中受益,自身也从其他企业和开发者的创新中获益。通过合作,特斯拉公司可以不断优化其技术和产品,提高市场竞争力。此外,特斯拉公司还由此树立了开放、合作的形象,提高了品牌价值和市场认可度。

从这个案例中可以发现,知识共享是非常重要的。通过开放专利技术,特斯拉使其他企业、研究机构和开发者获得了核心技术和知识的共享,促进了技术的传播和应用。同时,特斯拉也从其他企业和开发者的创新中获得了新的思路、启发和灵感,进一步丰富了自己的技术和产品线。此外,特斯拉还通过合作,建立了更加广泛的商业网络和合作伙伴关系,为其未来的发展奠定了更为坚实的基础。

21世纪,知识已成为推动社会进步和经济发展的核心动力。知识的获取、共享和运用成了决定企业竞争力的关键因素。在复杂的商业环境中,合作共享可以提高竞争力,实现优势互补。知识共享不仅有助于提高联盟的整体实力,还能促进成员间的相互信任,为联盟的长期稳定发展奠定基础。

联盟之间互相学习的重要性体现在以下几方面。

第一，提高企业竞争力。

通过互相学习，企业可以获取先进知识和技术，提高业务能力和市场竞争力。同时，互相学习还可以实现知识交流和共享，使联盟整体的知识水平得到提升。

第二，实现资源共享和优化配置。

互相学习可以实现企业之间的资源共享和优化配置，避免资源的重复投入和浪费，企业可以更好地利用自身的优势资源和核心能力，降低成本和提高效率。

第三，促进创新和产业升级。

互相学习可以激发创新意识和能力，发现新的商业机会和商业模式，促进产业的升级和转型。同时，还可以推动技术的进步和应用，为产业的可持续发展提供支持。

从谋局的角度来看，联盟中的知识共享可以分为以下三个层次。

（1）基础层次：这一层次的知识共享主要涉及技术、管理、市场等方面的信息交流。通过分享这些信息，联盟成员可以迅速了解行业动态，把握市场机遇，提高自身的竞争力。同时，还有助于减少成员间的信息不对称问题，减少摩擦，提高效率。

（2）深度层次：这一层次的知识共享涉及核心技术、创新理念、战略规划等方面，这就要求联盟成员具备较高的互信度，因为这些知识往往具有较高的商业价值和保密性。通过深层次的知识共享，联盟成员可以实现技术突破，提升创新能力，为联盟的长远发展提供源源不断的动力。

（3）战略层次：这一层次的知识共享主要体现在联盟成员在战略层面的协同与合作。这就要求联盟成员具备共同的价值观和长远发展目标。通过战略层次的知识共享，联盟成员可以实现资源共享、市场拓展、风险共担，从而实现整体利益的最大化。

在实际运作中，联盟知识共享需要克服以下三方面的挑战。

（1）文化差异：因为不同国家、企业和个人之间会存在文化差异，这可能导致知识共享过程中出现误解和障碍。为此，联盟成员之间需要加强文化交流，增进相互理解，建立共同的价值观和行为准则。

（2）保密性与公开性的平衡：在知识共享过程中，联盟成员需要在保护自身利益的同时，充分展示合作诚意，以实现知识的高效共享。

（3）激励机制：为了促进知识共享，联盟需要建立有效的激励机制，确保成员在共享知识的过程中获得相应的回报。这可以通过设立奖励、分红、优先权等方式实现。

知识共享与成长具有深远的意义，它不仅有助于提高联盟的整体实力和竞争力，还能促进成员间的相互信任和合作关系的稳定发展。通过互相学习、知识共享与成长，联盟可以实现资源优化配置、技术创新和产业升级，为产业的可持续发展做出贡献。在未来的商业竞争中，知识共享与成长将成为企业取得成功的关键因素之一。

4.3 抵抗之智：
联盟的团结与抗争精神

2017年，针对不断出现的盗版行为给创作者、消费者以及经济所造成的伤害，一个名为"创意与娱乐联盟"（Alliance for Creativity and Entertainment）的全球性联盟成立了，它是由好莱坞30家内容制造商联合发起的。成立这个联盟，就是为了打击盗版行为，维护创作者利益，为消费者提供最佳的观影体验。

一直以来，虽然做了大量的工作，但打击盗版仍然收效甚微，盗版行为依然广泛存在，层出不穷，波及世界各地。联盟根据P2P分销商的统计发现，2022年宽幅电影、黄金时段电视剧，以及高清视频点播节目的盗版下载量，约为54亿次。基于这种情况，人们希望通过这个反盗版联盟的合作来解决全球盗版问题。具体来说，联盟将通过成员的自我监督，以及美国电影协会的全球反盗版资源，来帮助执法官员打击盗版者。打击盗版的手段包括提起民事诉讼，与国家内容保护机构合作，制定互联网生态系统方面的自愿协议。

从这个案例中，我们不难发现行业联盟的团结和抗争精神。制造商们过去虽然也针对盗版行为进行过抵制和反击，但毕竟都是单打独斗。在实践中，制造商们认识到了，只有团结一致，形成合力，才能更好地打击盗版行为。正所谓人多力量大，众人拾柴火焰高。创意与娱乐联盟的成员包括好莱坞的内容制造商和数字平台，他们有着共同的目标，那就是打击盗版行为，维护创作者、消费者的利益。在联盟内部，成员能够共享资源，加大监管力度，以及通过法律手段共同应对盗版问题。这种团结一致的精神形成了行业内部的合力，使得联盟在打击盗版方面更具行动力和影响力。同时，联盟通过合法手段进行抵制和维权，为行业的健康发展保驾护航。这个案例展现了行业联盟的团结和抗争精神，其他行业也可以从中寻求借鉴和启示。

商业竞争中，企业的发展绝不是一帆风顺的，我们不仅需要创新和效率，也需要抵抗。当然，这种抵抗是有原则的，并不是对商业规则的抵触或无视，而是指在商业活动中，保持清醒的思考，抵制那些妨碍自身或整个行业发展的行为。要想达到这个目的，就要具备联盟的团结和抗争精神。我们要从以下几方面着手培养团结和抗争精神。

第一，抵制不合理规则。

商业合作中，有时会出现一些不合理的规则或条款。这些规则可能会损害成员的利益，甚至危及整个联盟的生存。在这种情况下，联盟成员就要勇敢地站出来，对这些不合理的规则进行有力的抵制：①联盟成员应当充分了解和掌握相关法律法规，以迅速作出反应；②联盟成员可以通过发表联合声明、公开抗议等手段，向外界传达抵制不合理规则的决心；③联盟成员还可以通过法律途径，如起诉、仲裁等，维护自身的权益。

第二，应对恶性竞争。

商业竞争中，还会出现一些恶性竞争行为，如价格战、抄袭模仿等。这些行为不仅损害了整个行业的利益，也破坏了竞争的公平性，联盟需要采取有力的措施进行应对：①联盟成员应当加强合作，共享资源和信息，提高整体竞争力；②联盟要提高创新能力，不断推出具有竞争力的产品和服务，以应对恶性竞争；③联盟还要积极参与制定行业标准，规范市场行为，抵制恶性竞争。

第三，抵抗外部压力。

在商业合作过程中，来自竞争对手或其他利益相关方的外部压力，会对联盟的发展产生不利影响。在这种情况下，联盟需要坚定信念，勇敢地抵抗外部压力：①联盟应当明确自身的核心价值和长远目标；②联盟要加强与政府、行业组织等利益相关方的沟通与合作，争取更多的支持和理解；③联盟还要关注舆论动态，积极传播正面信息，塑造良好的形象，以减轻外部压力。

第四，应对新技术挑战。

随着科技的不断发展，新技术不断涌现，这既给商业合作带来了机遇，也带来了新的挑战，联盟要积极应对这些挑战：①联盟应当关注新技术的发展动态，及时了解新技术对行业的影响；②联盟成员应当加大技术研发投入，提高自身的技术实力，以应对新技术带来的竞争压力；③联盟还可以通过合作、收购等方式，整合外部技术资源，提升整体竞争力。

在商业合作中，团结和抗争是相互依存、相互促进的两个方面。要想取得商业合作的成功，就需要掌握好团结与抗争的平衡艺术。这里需要注意两点。

第一，以团结为基础进行抗争。

在商业合作中，首先要做到团结紧密。只有这样，抗争才会有力。只有形成合力才能抵御外部的风险和挑战。同时，通过抗争也能够进一步巩固内部的团结。

第二，以抗争为手段维护团结。

当面临外部的威胁或挑战时，联盟要勇敢地站出来进行抗争。抗争既能维护自身的权益和尊严，同时也向外界展示了组织的凝聚力，进一步巩固内部的合作关系。

通过培养联盟的团结精神和抗争精神，我们能够更好地应对商业环境中的各种风险和挑战，实现共同的目标和理想，推动整个行业持续健康地发展。

4.4 谈判技巧：联盟合作中的利益协调

苹果与 IBM 于 2014 年开始进行战略合作，目的是为企业市场开发移动和云服务提供方案。虽然合作双方之间还存在竞争关系，但是他们找到了共同的利益点，那就是通过合作开发新的市场和产品。

在这次合作中，苹果和 IBM 共同开发了一系列企业级应用，这些应用基于苹果的 iOS 设备，如 iPhone 和 iPad，并利用了 IBM 的云服务和大数据技术。这些应用涵盖了各种行业，如零售、医疗、银行、交通等。此外，双方还共同开发了一种名为 "IBM MobileFirst for iOS" 的解决方案，帮助企业更轻松地将其现有业务流程与移动设备进行集成。

通过这次合作，苹果得以进入潜力巨大的企业市场，因为许多企业已经开始使用移动设备进行日常工作。在合作中，苹果利用 IBM 在企业市场的专业知识和资源，为企业提供了更好的产品和服务。

当然，受益是双方的，IBM也是合作的受益者。通过与苹果合作，IBM将其云服务和大数据技术应用于更广泛的设备和平台，扩大了业务范围。此外，这次合作还有助于IBM提高其在移动设备市场的竞争力，与谷歌和微软等竞争对手抗衡。

苹果与IBM的合作为我们提供了一个典型的合作中的利益协调案例。通过这次合作，双方成功地找到了共同的利益点，实现了双赢。显然，这种合作方式好处多多，既有助于推动创新，提高产品和服务的质量，又为企业客户提供了更好的解决方案。

联盟合作通常涉及多个合作伙伴，大家都有自己的目标和期望。这些目标之间可能存在冲突，例如，一方可能希望通过联盟获得市场份额，而另一方可能更关注利润。这些冲突可能会导致合作伙伴之间的不信任和联盟的失败。因此，在联盟合作中，要协调好各方的利益。谈判是解决冲突的有效方法，通过谈判了解彼此的利益和需求，找到共同点，并制定解决方案。在谈判中，企业需要注意以下几个方面。

第一，需要明确谈判的目标。

在联盟合作中，各方都希望获得最大的利益。因此，在谈判之初，企业应明确自己的核心利益和底线，这样，才能在谈判中有针对性地争取。同时，也要了解合作伙伴的需求和期望，寻求共同利益点，实现共赢。

为此，企业在对自身实力和资源进行深入分析的同时，也要对合作伙伴的实力和需求有全面了解，进行深入的市场调研和数据分析，确定最佳的谈判策略和方案。在明确了双方目标和底线之后，企业要在谈判中表现出坚定的态度和立场，同时保持灵活和开放的心态，以寻求最佳的解决方案。

第二，要建立良好的沟通机制。

在谈判过程中，有效的沟通能实现利益的协调，我们要保持开放和诚实的态度，倾听合作伙伴的意见，表达自己的需求和期望。此外，沟通技巧的运用也很重要，如提问、倾听、同理心等，这样才能有助于增进双方的理解和信任，为达成共识创造条件。

良好的沟通机制建立在双方相互尊重和理解的基础上。企业要关注合作伙伴的需求和关切，同时清楚地表达自己的立场和目标。在沟通中，企业可以运用一些有效的沟通技巧，如主动倾听、积极表达、借助肢体语言等来增强沟通效果。此外，企业还可以通过建立共享文档、会议纪要等方式，确保双方对谈判内容有清晰的了解和认识。

第三，还要注意灵活运用谈判策略。

在联盟合作中，企业应根据谈判的具体情况，灵活运用不同的策略。例如，可以采用"共赢"策略，强调双方在合作中的共同利益，以促进合作的顺利进行；也可以采用"妥协"策略，在关键问题上作出让步，以换取在其他方面的利益。同时，企业还应学会在谈判中识别对方的底线，这样，才能在关键时刻做出正确的判断和决策。

在谈判中，企业要根据具体情况灵活运用不同的谈判策略。例如，在面对合作伙伴的强硬态度时，企业可以灵活应对，既强调自身立场，也表现出灵活开放的姿态。此外，企业还可以采取"拆分议题"的策略，将复杂的问题分解成多个小问题，逐一解决，从而达成整体协议。在识别对方的底线时，企业要深入了解对方的需求、分析市场行情，这样才能提高判断能力。

此外，还要注重谈判的长期效果。在联盟合作中，企业不仅要关注眼前的利益，还要考虑长远的发展。因此，在谈判过程中，企业应关注合作的可持续性，确保双方在合作中能够长期受益。要做到这一点，就需要企业在谈判中充分考虑合作伙伴的长期利益，以及合作对双方未来发展的影响。

要想实现长期合作，企业需要在谈判中关注以下三个方面。

第一，确保合作的稳定性和持续性。

这就需要签订长期合同、建立长期合作关系等。

第二，关注合作伙伴的成长和发展。

这可以通过提供技术支持、市场开拓等方面的支持来实现。

第三，需要关注自身的成长和发展。

这可以通过提高自身的技术水平、拓展市场渠道等方式来实现。

在商业合作中，诚信是企业之间建立信任和长久合作的基础。在谈判过程中，企业应始终遵循诚信原则，展现出诚实可信的形象。同时，企业还应关注合作伙伴的诚信表现，通过多方渠道了解其信誉状况，以确保合作的稳定和长久。诚信不仅在谈判中起到关键作用，也将对未来的合作关系产生深远影响。因此，企业在谈判中应始终坚持诚信原则，以实现长期共赢的目标。

4.5 动态联盟:
随需而变的联盟策略

2011年,万科和华为走到一起,开始共同研发智慧社区方案。当时房地产市场竞争激烈,居民对高品质生活的需求增加。万科和华为合作的初衷是通过跨界合作,整合各自优势资源,共同打造高效、便捷、安全的社区生活环境。

基于这种共识,万科物业与华为签署战略合作协议,共同研发智慧社区方案。双方决定成立联合实验室,共同探索物联网、大数据、云计算等技术在物业管理领域的应用。

不久,双方就合作推出了首个智慧社区试点项目,也就是通过部署智能硬件设备和信息系统,实现社区内资源的优化配置和物业管理效率的提升。

几年后,双方又进行了更深入的合作,签署了全面战略合作协议,在智慧社区、智能家居、智能建筑等领域展开深入合作，共同推动产业发展。

就像预期的那样，双方在智慧社区领域的合作取得了显著成果，共同打造了一系列智慧社区项目，为居民提供了便捷、舒适、安全的生活体验。此外，双方还积极推广智慧社区标准，推动行业规范化发展。

万科是房地产行业的领军企业，它拥有丰富的房地产项目经验和资源，而华为在信息通信技术方面更可谓全球领先，无论是在云计算、大数据，还是物联网等技术方面，都具有领先优势。双方的合作可以说是优势互补、互利共赢的典范。

这种动态联盟是一种企业间的合作组织形式。面对市场机遇，这种联盟可以快速做出反应。它的特点是通过信息高速公路将产品涉及的不同企业临时组成一个没有围墙、超越空间约束、靠计算机网络联系的合作经济实体。这个实体既可以是同行业企业之间的协作，也可以是跨行业、跨地域企业之间的合作。其核心在于"随需而变"，手法灵活，根据市场需求和企业战略，灵活调整联盟成员和合作模式，从而实现资源共享、优势互补和风险共担。

这种合作模式可以为不同行业的企业之间提供新的合作思路和商业模式。同时，这种合作模式也要求企业具备开放的心态、灵活的机制以及较强的整合能力。通过动态联盟，企业可以更好地整合内外部资源，抓住市场机遇，提升自身的竞争力。

具体来说，动态联盟具有如下几个优势。

第一，快速响应市场机遇。

动态联盟能够针对市场机遇，迅速集结各方资源，作出快速响应。通过信息高速公路和计算机网络，联盟成员可以实时共享信息、协同工作，这样就提高了决策效率和执行力，使企业在短时间内抓住市场机遇，迅速调整战略，提高市场占有率。

第二，资源共享和优势互补。

动态联盟允许成员企业之间共享资源，包括技术、设备、人才和市场渠道等。这不仅降低了单个企业的运营成本，还可以形成互补优势，提升整体竞争力。例如，一家企业在技术研发方面具有优势，而另一家企业在市场营销方面表现突出，通过动态联盟，双方可以共享资源，实现共赢。

第三，风险共担。

在动态联盟中，成员企业要共同承担市场风险和经营风险。通过合作，企业可以将风险分散，这就减轻了单个企业的压力，同时提高了抵御风险的能力。当企业面临市场的不确定性时，动态联盟会发挥作用，使企业保持平稳发展。

第四，灵活性强。

动态联盟的企业可以根据市场需求和企业战略，随时调整联盟成员和合作模式。这种灵活性使企业能够更好地适应不断变化的市场环境，迅速应对各种挑战。

第五，具备创新驱动力。

动态联盟鼓励成员企业之间进行技术创新和模式创新，推动技术进步和产业升级。这有助于企业保持竞争优势，实现可持续发展。

动态联盟可以通过如下实践，达到合作共赢。

（1）**跨界合作**：通过与不同行业的企业建立动态联盟，实现跨界合作。这种合作形式有很多有益之处，比如，它可以带来新的市场机遇，开发新的业务模式，拓展企业的发展空间。举例来说，一家互联网公司可以与一家传统制造企业建立动态联盟，共同开发智能硬件产品，实现线上线下融合，提高市场竞争力。

（2）**供应链整合**：通过将供应商、生产商、分销商等整合到一个联盟中，从而提高供应链的效率和响应速度，降低成本，提升竞争力。例如，一家电子产品制造商与多家供应商建立动态联盟，实现原材料采购、生产、物流等环节的协同，提高整体运营效率。

（3）**研发协作**：通过与其他企业或研究机构建立联盟，共同投入研发资源，加快技术创新和产品研发进程。例如，一家生物技术公司与一家制药企业建立动态联盟，共同研发新药，就能缩短研发周期，提高成功率。

（4）**国际化战略**：通过与国外企业建立联盟，可以更好地了解当地文化和商业环境，降低进入风险，开拓新市场。例如，一家中国企业与一家美国企业建立动态联盟，共同开拓欧洲市场，这样，就能实现资源共享，提高市场渗透率。

在动态联盟中，各参与企业需要共享技术和知识，这里存在知识产权侵权风险。所以，企业应加强知识产权保护，确保在合作过程中自身的技术和知识不被泄露。要做到这一点，可以通过签订保密协议、加强内部管理等措施来实现。此外，企业还要在保护自身知识产权的同时，确保合作伙伴的利益，建立公平、合理的利益分配机制，维护动态联盟的稳定，实现长期合作。

Part

5

谋局之锚：稳健决策

5.1 风险评估：全面分析风险与收益

2010年，人们发现街边出现了一排排的共享单车。很快，这就成为一种新型的出行方式。这种基于移动互联网技术的创新模式，通过提供便捷、低成本的短途出行解决方案，迅速吸引了大量投资者的关注。许多创业公司纷纷涌入这个新兴市场，试图分得一杯羹。投资者看到了共享单车行业的潜力，纷纷投入资金支持这些初创企业，希望在短时间内实现高额回报。

随着市场的不断扩大，共享单车企业之间的竞争日益激烈。各大公司为了争夺市场份额，纷纷加大投放车辆的数量，导致市场迅速饱和。加之监管政策不完善、行业标准缺失，于是就出现了乱停乱放、车辆损坏严重等问题，影响了城市的市容市貌和交通秩序。这导致共享单车的运营成本不断上升，盈利空间受到挤压。

这自然成了许多共享单车公司的挑战，它们面临着经营困难，甚至倒闭的风险。一些曾经备受瞩目的明星企业，如 ofo 小黄车、Mobike 也未能幸免。共享单车行业的爆冷给投资者带来了巨大的损失，导致其血本无归。

这个案例告诉我们，尽管某些行业在短期内可能带来高收益，但风险同样巨大。投资者需要吸取的教训是，在投资之前，应谨慎评估市场的前景和公司的竞争力，以降低潜在风险。

一般来说，风险与收益之间存在正向关系。也就是说，企业为了追求更高的收益，需要承担更大的风险。例如，在股票市场中，高风险股票往往具有更高的收益率，但同时也可能面临更大的风险。同样，在企业经营中，像新产品研发、新市场拓展等，也属于高风险项目，它们的收益高，但风险大。

风险与收益之间存在正相关关系，不能盲目追求高收益而忽视高风险。因为过高的风险可能会导致企业破产或倒闭。因此，我们需要在风险与收益之间找到平衡点，要根据自身能力，制定合理的商业策略，既要追求高收益，又要将风险控制在可承受范围内。

如何全面分析风险与收益呢？我们可以学习以下几种方法。

第一，SWOT 分析法。

这是一种广泛应用于商业领域的分析方法，其主要目的是通过评估企业的优势（Strengths）、劣势（Weaknesses）、机会（Opportunities）和威胁

(Threats），全面了解企业在市场中的竞争地位，帮助企业识别潜在的风险和机会，为制定战略提供依据。

第二，敏感性分析法。

这是一种评估不确定因素对企业收益影响的方法。通过对关键变量（如销售价格、成本、市场份额等）的变化进行模拟，企业可以了解这些变量对收益的影响程度，这样，就能更好地应对风险。在分析中，企业可以设定不同的情景，如价格上升、成本下降等，以观察这些变化对收益的影响。我们从中可以发现哪些因素对收益最为敏感，这样，就能进行重点关注，降低风险。

第三，决策树分析法。

这是一种图形化的决策分析方法，通过构建树状结构来表示不同决策方案可能带来的收益和风险。企业可以利用这种方法评估各种决策方案的风险与收益，从而选择最佳方案。在这种分析法中，企业需要确定各种决策节点和可能的结果，以及与之相关的概率和收益，通过对各种可能路径的收益和风险进行比较，找到最优方案。

第四，蒙特卡罗模拟法。

这是一种基于概率论的数值分析方法，通过模拟大量随机变量的组合，预测企业收益的分布情况。这种方法可以帮助我们更好地了解风险与收益的不确定性。

在模拟中，我们需要确定影响收益的关键变量及其概率分布。通过多次模拟，可以得到收益的概率分布，从而了解在不同风险水平下的预期收益。这种分析方法有助于在决策过程中权衡风险与收益，确定最佳决策。

我们需要在多个层面实现风险与收益的平衡，那么，如何实现这个目标呢？以下是几点建议。

第一，在投资决策中需要做好权衡。

在进行投资决策时，我们需要对所有项目的风险与收益进行全面评估，包括项目的市场前景、竞争态势、技术可行性、财务状况等。根据自身的风险承受能力、投资目标和战略规划，对各个项目进行优先级排序，这样，才能在风险与收益之间找到一个合适的平衡点。

第二，降低扩张与发展中的风险因素。

我们都知道，在企业扩张和发展过程中，风险因素是不可避免的。为了实现风险与收益的平衡，我们应在制定扩张战略时充分考虑市场风险、政策风险、运营风险等多方面因素。此外，我们还要建立完善的风险管理体系，通过风险识别、评估、监控和应对等手段，降低潜在风险对企业发展的影响。

在激烈的市场竞争中，企业需要寻求差异化优势，以实现风险与收益的平衡。这可以通过创新产品、优化服务、提升品牌形象等途径来实现。我们还要关注市场变化和消费者需求，不断调整和优化自身的竞争策略，这样才能在竞争中占得先机。

第三，还要具备灵活的资源调配能力。

在实现风险与收益平衡的过程中，我们还要具备灵活的资源调配能力，应根据市场变化和战略目标，合理分配财务、人力、技术等资源，以确保各项业务的顺利进行。在面临风险时，我们应迅速调整资源配置，以降低潜在损失；在发现新的收益机会时，我们则应果断投入资源，以实现收益最大化。

5.2 利弊权衡：
理性权衡利弊得失

星巴克是全球知名的咖啡连锁店之一，其高品质的咖啡和舒适的环境给了消费者很好的体验。其咖啡定价策略也是很有特点的，这主要表现在以下几个方面。

（1）成本因素：星巴克在制定咖啡价格时，首先会考虑成本因素，包括原材料、人力成本、店铺租金、运营成本等。为了保持高品质的产品和服务，星巴克通常会选择优质原料，这样，其成本相对就较高，进而影响咖啡的定价。

（2）品牌定位：星巴克定位高端群体，通过提供独特的消费体验和舒适的环境，以体现品牌价值和消费者对高品质生活的追求，咖啡价格自然相对较高。

（3）市场需求：在不同的国家和地区，星巴克会根据当地经济水平和消费者消费习惯来制定相应的定价策略。

（4）竞争环境：在制定价格时，也会关注竞争对手。为了保持市场份额和竞争力,在一定程度上会参考竞争对手的价格,以确保自己的定价具有竞争力。

(5)产品差异化:星巴克提供多种咖啡产品。不同产品和规格的咖啡,在价格上也会有所不同,这么做是为了体现产品之间的差异化。

(6)促销策略:星巴克会定期推出各种促销活动,以吸引更多消费者。这些促销活动会影响咖啡的实际售价,使其在特定时期内低于正常定价。

星巴克作为全球知名品牌之一,其咖啡定价自然相对较高。这里涉及利弊权衡问题,也就是在咖啡品质、品牌形象和消费者体验之间进行权衡。如果降低咖啡价格以吸引更多的消费者,可能会损害其品牌形象和咖啡品质。但如果定价过高,一些消费者就会望而却步。经过利弊权衡,星巴克最终选择了高品质的咖啡和合理的定价策略。

在商业谋局中,我们总会遇到利弊权衡问题。无论是制定公司战略、推出新品,还是选择合作伙伴,我们都要进行理性的分析,比较不同选项的优劣,这样,才能做出明智的决策。为了实现这一目标,我们需要遵循以下七个步骤。

第一,建立理性思维模式。

理性思维模式是权衡利弊得失的基础。我们要建立一种基于事实和逻辑的思维方式,这样才能客观地评估问题、分析利弊和做出决策。在商业谋局中，企业需要关注市场趋势、竞争环境、消费者需求等因素，通过收集和分析信息，了解问题的本质和关键因素。同时，企业还要运用数据分析、情景模拟等工具，对不同选项进行量化和定性评估，这样，才能制定出更加科学合理的决策。此外，还要培养员工的批判性思维，鼓励他们提出不同观点和建议，以从多角度审视问题，提高决策质量。

第二，明确决策目标和约束条件。

在权衡利弊时，企业要明确决策目标和约束条件。决策目标是企业希望达到的目标或结果，它是决策的出发点和归宿。约束条件则是指企业在进行决策时所面临的限制和约束，如资源、时间、技术等。明确决策目标和约束条件，才能有针对性地分析不同选项的利弊，制定符合实际情况的决策。为此，可以采用SMART原则（具体、可衡量、可实现、相关、时间限定），并在决策中不断审视和调整这些条件。

第三，全面评估利弊得失。

全面评估不同选项的得失，包括短期利益和长期利益、经济利益和社会责任、内部利益和外部利益等多个方面。要综合考虑这些因素，并运用客观的数据和指标进行评估。同时，还要关注不同选项之间的相互影响和潜在风险，以便做出更加全面的决策。在评估过程中，可以采用多准则决策分析法、层次分析法等方法，以确保评估结果的全面性和准确性。

第四，比较不同选项的优劣性。

在全面评估后，企业要比较不同选项的优劣性，包括不同选项在经济效益、社会效益、技术可行性等方面的比较。这样，就能更加清晰地了解不同选项的优缺点和潜在风险，找出最优方案。在比较过程中，可以采用优劣分析法、决策树等工具，以直观地展示各个选项的优劣。

第五，考虑利益相关者的诉求。

在商业谋局中，要关注利益相关者的诉求，包括股东、员工、消费者、合作伙伴等。在权衡利弊时，要考虑不同利益相关者的诉求和影响，制定相应的决策策略。例如，为产品定价时，既要考虑消费者需求和购买能力，同时也要考虑股东和员工的利益诉求。为了更好地满足利益相关者的需求，可以采用利益相关者分析法，识别关键利益相关者，分析他们的需求和期望，在决策中充分考虑他们的利益。

第六，进行风险评估，制定应对策略。

在商业谋局中，进行风险评估，制定应对策略是理性权衡利弊得失的重要环节。要对不同选项进行全面的风险评估，包括市场风险、技术风险、财务风险等。同时，还要制定相应的风险应对策略，如风险规避、风险控制、风险转移等。据此，企业可以更加全面地考虑不同选项的风险与收益关系，并做出更加明智的决策。在风险管理中，我们可以采用风险矩阵、敏感性分析等方法，以提高风险识别和应对能力。

在理性权衡利弊得失后，要制定具体的执行计划与监控机制。具体包括实施步骤、时间节点、责任人等。制定执行计划与监控机制，就能更有效地实施决策并对其进行实时监控和调整。在执行过程中，企业可以关注关键绩效指标（KPI），以量化的方式衡量执行效果，并根据实际情况调整执行策略。同时，还要建立反馈机制，及时了解决策实施过程中的问题和挑战，不断优化决策和执行过程。

5.3 决策果断：

当机立断，不犹豫拖延

2016年，抖音作为一个新生事物诞生了。抖音以其独特的内容创新和强大的社交功能而广受人们欢迎，吸引了大量用户，在社交媒体领域独占鳌头。用户通过抖音，快速分享自己的生活，享受来自世界各地有趣和富有创意的内容。抖音的短视频内容丰富多样，满足了用户在碎片化时间内获取信息和娱乐的需求。这种简单而高效的方式吸引了大量年轻用户，使抖音在短时间内迅速崛起。

抖音已经取得极大的成功，但它并未止步于此，随着直播带货市场在中国的快速发展，它又发现了新的商机。

抖音通过开展直播带货，又取得了显著的成绩，平台交易额在短时间内实现了爆炸式增长。许多知名品牌和商家纷纷入驻抖音，与平台上的网红、明星合作，通过直播的形式向用户推荐商品，实现了高效的商品推广和销售。自此以后，抖音平台在电商领域的地位得到了极大的提升，进一步巩固了其在社交媒体市场的领导地位。

抖音进入直播带货市场是一个明智且关键的决策，此举抓住了市场机遇并取得显著成绩，提高了竞争力，有助于提高企业的创新能力和运营效率。

决策的果断性是决定成功的关键因素之一。我们不仅要有清晰的商业愿景和战略，还要具备果断决策的能力，这样才能在瞬息万变的市场中迅速抓住机遇，避免风险。

决策的果断性主要体现在以下三个方面。

第一，拥有清晰的目标和战略。

果断的决策始于清晰的目标和战略。企业家需要明确企业的愿景和使命，制订可行的战略计划，这样才能在复杂多变的市场环境中保持方向。只有目标明确，才能驶向远方。

第二，学会灵活调整，迅速反应。

商业环境是不断变化的，我们需要进行灵活调整。当市场发生变化或出现预料之外的情况时，更要迅速做出反应，调整战略和计划，这样才能帮助我们在不断变化的市场环境中保持竞争力。

第三，勇于承担风险。

在商业环境中，企业常常要面对很多不确定性和未知因素，这时，就需要决策者果断做出决策并有勇气承担相应的风险，这样，才能在竞争激烈的市场中脱颖而出。

然而，还要注意一个问题，那就是快速做出决策可能导致细节被忽略，从而做出错误的决策。因此，快速决策而又能保证决策质量才是我们的最终目标。

那么，如何提高决策速度和质量呢？以下三个方法值得借鉴。

第一，建立有效的信息筛选机制。

随着信息的爆炸式增长，如何筛选和处理信息成了一个重要的问题，所以，需要建立一套完善的信息筛选机制，快速、准确地获取对决策有价值的信息。这套信息筛选机制包括以下几个要点。

（1）明确目标和关注点。在筛选信息之前，需要明确自己的目标和关注点，这样，才能有针对性地筛选信息。

（2）利用数据分析工具。数据分析工具可以帮助我们快速处理大量数据，并提取出有价值的信息，还可以据此更快地找到关键信息。

（3）听取专家意见。专家意见对于决策具有重要的参考价值。可以通过咨询行业专家或研究专业机构的报告，获取专业意见和建议。

第二，培养直觉和经验。

在商业决策中，直觉和经验往往扮演着重要的角色。直觉是指敏锐的洞察力和判断力，经验则是对行业的深入了解和对企业运营的独特见解。我们可以通过以下方法培养直觉和经验。

（1）**积累行业经验**。不断积累行业经验，了解市场动态和竞争态势，掌握行业发展趋势和规律，才能更好地把握市场机会并迅速做出决策。

（2）**培养敏锐的商业直觉**。因为商业直觉是通过敏锐的洞察力和判断力形成的，所以我们要关注市场变化和行业趋势，了解消费者的需求和行为，关注竞争对手的动态，迅速做出正确的决策。

（3）**接受失败，吸取教训**。在培养直觉和经验的过程中，企业家需要接受失败，吸取教训。只有经过失败，才能总结经验教训，提高判断力和决策能力。

第三，学会权衡。

在追求快速决策的过程中，要学会权衡，在速度和质量之间找到一个平衡点，既提高决策速度，又能保证质量。学会权衡的方法如下。

（1）**明确权衡的标准**。做出决策前，要明确自己的权衡标准，包括考虑不同方案的成本、效益、可行性和风险等因素。明确权衡的标准，才能更好地评估不同方案的优劣并做出决策。

（2）**进行全面的市场调研**。全面的市场调研可以帮助我们了解市场需求、竞争态势和行业趋势等，更好地评估市场机会和风险，做出最明智的决策。

（3）**借助专家意见**。专家意见具有重要的参考价值。借助咨询行业专家或研究专业机构的报告，才有可能全面考虑问题并找到最佳解决方案。

（4）**根据实际情况做出调整**。在决策执行中，可能会遇到实际情况与预期不符的情况。这时应根据实际情况做出调整，以适应市场变化和竞争态势。通过灵活调整策略和方法，可以在保证决策质量的同时提高决策速度。

5.4 预案制定：提前制定应对方案

在生产经营中，经常会遇到突发情况，这时该如何应对呢？阿里巴巴的"双十一"应急预案为我们提供了很好的借鉴。它是一个全面且细致的体系，确保了在全球最大的在线购物活动中系统运行的稳定，并应对可能出现的各种突发情况。这些预案涵盖了技术、运营、物流等多个方面，可以最大限度地减少风险，保障用户体验和交易的顺利进行。具体来说，阿里巴巴的应急预案主要包括以下几个方面。

在技术方面，通过优化系统架构，例如进行导购系统的静态化改造，提升系统性能，缓解流量压力。同时，对关键系统如支付核心路径进行异步化处理，这样就能提高系统的处理能力和稳定性。同时，进行全链路压测，模拟"双十一"当天的流量峰值，提前发现并解决可能存在的问题。

在运营方面，提前进行业务降级和系统限流的预案准备，以确保在突发情况下，核心业务能够维持稳定运行。例如，舍弃一些非核心业务，或者对关键服务进行限流控制，保护核心集群的系统稳定。

在物流方面，与各大快递公司紧密合作，制定"双十一"快递应急预案，包括提前预测订单量，合理调度配送资源，优化配送线路，在出现异常情况时迅速启动应急处置措施，如增加临时仓储设施，调配备用运输车辆等。

此外，还设立了应急处置领导小组，负责在"双十一"期间对各种突发事件进行快速响应和有效处理。这个团队会根据事件的性质和影响程度，启动不同等级的应急预案，并及时与相关部门和合作伙伴进行沟通协调，确保问题迅速解决。

在当今瞬息万变的商业环境中，企业面临着诸多不确定性，如市场波动、技术革新、政策调整等，只有具备前瞻性思维，通过提前制定应对方案（预案），才能降低潜在风险，确保业务的稳定运行。预案制定不仅是一种风险管理手段，更是企业在竞争中保持领先地位的关键策略。

那么，预案制定在商业谋略中具有哪些意义呢？

第一，风险管理：可以识别潜在的风险因素，提前采取措施减轻或避免损失，从而降低企业运营的风险。

第二，竞争优势：可以帮助企业在面临突发事件时迅速作出反应，使企业在竞争中占据优势地位。

第三，持续发展：有助于企业在危机中保持运营连续性，确保关键业务流程不中断，使企业保持长期稳定发展。

制定预案，预防风险可以采取以下步骤。

步骤一，识别风险。

制定预案前，要进行全面的风险识别，深入研究企业内外部环境，发现可能对业务产生负面影响的各种风险因素。这包括但不限于市场风险（如需求波动、竞争加剧）、技术风险（如技术过时、网络安全威胁）、政策风险（如法规变更、政策不确定性）、财务风险（如资金流动性问题、信用风险）等。识别风险是制定有针对性预案的基础和依据。

步骤二，分析风险。

在识别出潜在风险后，就要对每个风险进行详细的分析。包括评估风险的发生概率、可能造成的影响程度、影响的范围以及可能持续的时间等。这样，才能确定哪些风险需要优先关注，哪些风险可以通过现有的资源和能力来有效管理，从而为制定相应的应对策略提供依据。

步骤三，制定应对策略。

根据对不同类型和程度的风险的评估，制定一套完整的应对策略，包括预防策略（如提前布局、多元化经营）、减轻策略（如风险分散、保险保障）、恢复策略（如业务连续性计划、危机管理团队）等。在制定应对策略时要明确每个策略的责任人、执行步骤以及预期的时间表，确保在风险发生时能够迅速执行。

步骤四，修订和完善预案。

预案的制定是一个持续的过程。随着各种因素的变化，风险状况也会发生改变。因此，我们需要定期对预案进行修订和完善，使其始终具有针对性和时效性。这包括对风险评估的更新、对应对策略的调整、对责任人和执行步骤的重新分配等。

那么，在完成预案的制定后，该如何确保预案的有效执行呢？我们可以从以下四个方面入手。

第一，设立风险评估团队。

为了确保风险识别和分析的准确性，可以设立专门的风险评估团队。这个团队应由具有不同专业背景的成员组成，如市场分析师、技术专家、财务顾问等，这样，就能从多个角度全面评估风险。此外，团队还应定期接受相关培训，这样才能把握行业动态，掌握风险管理的最新方法。

第二，实施预案演练。

为了确保预案在实际危机中能够顺利执行，企业应定期进行预案演练。通过模拟、桌面推演或全面实战演练等，帮助企业发现预案中的潜在问题，提高员工对预案的熟悉程度，并强化团队在危机中的协作能力。

第三，监测和评估预案效果。

在预案实施过程中，企业需要建立一套有效的监测和评估机制，定期审查预案的执行情况，收集反馈意见以及对比实际风险事件与预案预测的结果等。这样，企业才能不断优化预案，使其更符合实际需求。

第四，预案的更新与维护。

随着企业的发展和外部环境的变化，风险状况也会随之发生改变。因此，企业需要定期更新预案，使其始终与风险状况相匹配。这就需要对新出现的风险进行识别、对旧的风险进行重新评估以及对预案内容进行修订。

通过上述几个方面的工作，企业能建立起一套完善的预案制定体系，制定能随机应变、灵活有效的预案，从而在面临各种风险和挑战时，能够迅速、有序地进行应对，确保企业的稳定运营和持续发展。

5.5 勇于承担：
敢于承担责任与后果

近年来，召回现象在汽车行业中越来越普遍地发生。随着消费者对汽车安全和质量的关注度不断提高，以及监管部门对汽车质量监管力度的加强，汽车召回的数量不断增加，召回涉及的车型和范围也越来越广泛。一些大型汽车制造商如丰田、本田、大众等都曾因为各种原因被大规模召回。汽车召回不仅涉及传统的燃油车，也涉及新能源汽车和智能驾驶等新型车。

在汽车召回事件中，企业通常会采取一系列措施来确保召回工作的顺利进行。首先，他们会发布召回公告，告知消费者受影响的车型和范围，以及召回的原因和时间安排。其次，他们会为受影响的车辆提供免费的维修或更换服务，确保消费者的权益。此外，企业还会加强质量监管和改进生产流程，以防止类似问题再次发生。

汽车召回现象体现了企业承担责任的态度。首先，企业主动发现问题并采取措施解决问题，体现了其对于消费者安全的高度重视和对于自身产品质量的负责态度。其次，企业承担召回所带来的成本和风险，为消费者提供免费的维修或更换服务，体现了其对消费者权益的尊重和维护。此外，企业还通过加强质量监管和改进生产流程来防止类似问题再次发生，进一步体现了其对于消费者和自身责任的担当。

勇于承担责任是每个企业、决策者和员工必备的品质。企业只有勇于承担责任，才能在市场竞争中赢得信誉和尊重，才能在市场竞争中走向成功。企业勇于承担责任在市场竞争中具有重要意义，主要表现在以下几个方面。

第一，勇于承担责任是商业成功的关键。

在商界，责任是一个重要的概念。我们要为客户提供优质的产品和服务，为股东创造价值，为员工创造良好的工作环境，为团队成员提供必要的支持和资源，确保团队目标的实现，为社会作出贡献。

勇于承担责任意味着企业家不仅要对自己的决策负责，还要对团队成员的决策负责。这就要求企业家要具备前瞻性的眼光和决策能力，以及承担责任和后果的勇气。只有这样，企业才能赢得客户的信任和尊重，在市场中获得更高的声誉和信誉，吸引和留住优秀的员工，使他们愿意为团队付出更多的努力，为企业的成功打下坚实的基础。

第二，勇于承担后果是商业决策的重要保障。

决策往往伴随着风险后果。成功的商业决策不仅能为企业带来利润，还能为团队创造更好的发展机会。但是，如果决策失败了，就要勇于承担后果，这是商业决策的重要保障。

如果决策失败了，要勇于承担责任并采取相应的措施解决问题，不推卸责任或逃避后果，积极面对问题并寻找解决方案。这样的态度不仅能够赢得员工的尊重和信任，还能够赢得客户的合作。

需要注意的是，既要勇于承担后果，还要在做出决策时更加谨慎和理性。要充分考虑各种因素，充分评估决策的风险和后果，并制定相应的应对措施。

第三，勇于承担是商业谋局中不可或缺的一环。

对企业家来说，勇于承担责任才能更加注重长远的发展和团队的利益，不会为了短期的利益而做出损害团队或客户利益的决策，他们会积极寻找更好的解决方案并付诸实践。同时，勇于承担责任的企业家也会更加注重细节和执行力，认真对待每一个细节并确保决策得到有效的执行。这样，才能提高团队的执行力和效率，让客户更加满意和信任。

那么，如何在企业中培养勇于承担责任的品质呢？企业可以从以下四个方面入手。

第一，企业应建立一种鼓励承担责任的文化。

要塑造一种鼓励承担责任的企业文化，我们就要从多个层面进行努力：①企业应该明确其核心价值观，并确保这些价值观中包含了责任和担当，这可以通过制定企业使命和愿景来实现，明确表达出企业对员工承担责任的期望；②要通过各种内部活动和沟通渠道，传播和强调这一价值观；③通过奖励制度来激励员工承担责任；④通过培训，提升员工承担责任的技能和意识。

第二，领导者应以身作则，展示在面对困难和挑战时如何承担责任。

领导者在培养员工勇于承担责任方面起着关键的作用。领导者要在关键时刻站出来，展示自己的责任担当，决策时要果断，出现问题时要坦诚面对，敢于公开承认自己的错误，并立刻改正。另外，领导者还要鼓励团队成员在面对问题时提出建设性的解决方案，而不是抱怨或逃避。领导者树立一个积极的榜样，才能激励员工树立起责任感。

第三，保持决策过程的透明度。

企业要想培养员工的责任感，就要在决策过程中保持透明度。领导者应该与员工分享决策背后的思考过程，解释为什么选择某个方案，以及做出这一决策可能会带来的风险和机会。这样，员工才能理解并接受这些决策，也更愿意承担责任。此外，透明的沟通也包括在出现问题时及时通报，让员工参与解决，这有助于培养他们在面对挑战时的责任感。

第四，接受失败是成功的一部分。

要把失败视为学习和成长的机会；领导者首先要表明态度，分享自己失败的经历，并从中吸取教训；通过定期的分享会或者内部培训来总结经验教训。同时，企业应该设立一种机制，让员工在尝试新方法或创新时即使失败也不会受到过度的惩罚，这样，企业才能培养出勇于尝试、敢于承担责任的员工队伍。

Part

6

谋局之魂：创新突破

6.1 创新意识：培养创新意识与思维

过去人们外出旅行时，在酒店的选择上非常单一，除了找个临时落脚的地方，别无选择，这是因为传统酒店业主要以提供标准化的住宿体验为主，但随着全球化和旅游业的快速发展，越来越多的旅行者已经不满足于过去的旅行住宿方式，他们开始追求更加个性化的旅行体验。正是在这样的背景下，爱彼迎（Airbnb）推出了共享住宿服务，颠覆了传统酒店业的经营模式。

爱彼迎的共享住宿服务有哪些特色？为什么能吸引广大的旅行者呢？我们细心了解后就会发现这种共享住宿服务不再局限于酒店，而是让消费者住在当地人的家里。住宿方式多样化的选择，使旅行者与当地人增进了彼此的了解，能更深入地体验当地的文化和风土人情。此外，共享住宿还具有价格优势，相较于传统酒店，消费者往往可以在爱彼迎上找到更实惠的住宿方案。

对房东来说，爱彼迎的共享住宿服务为他们提供了一个额外的收入来源。将空闲房间或整套房屋出租给旅行者，房东可以获得稳定的租金收入，有助于提高房屋的使用率，减少资源浪费。

爱彼迎的成功应该归因于其创新的商业模式和对消费者需求的深刻理解。它不仅满足了旅行者对个性化体验的追求，还为房东创造了新的商业机会。相对于传统酒店业的商业模式，爱彼迎的这一创新，推动了整个住宿行业的变革和发展。

可见，创新意识不仅关乎企业的生死存亡，更体现了整个行业的活力与进步，这是一种对现状的挑战、对未来的设想以及对传统的超越。

商业行为中的创新意识主要体现在以下几个方面。

（1）**产品创新**：在产品研发过程中，我们应充分运用创新思维，从市场需求、用户需求和行业趋势出发，开发具有独特功能、设计和性能的产品。产品创新包括对现有产品的改进和优化，以及开发全新的产品线，通过持续的产品创新，来满足市场的多样化需求，提高产品的附加值，从而在激烈的市场竞争中脱颖而出。

（2）**服务创新**：为了提升服务质量，我们需要运用创新思维优化服务流程，提高服务效率。运用创新思维，为客户提供个性化、差异化的服务体验，例如通过大数据分析，了解客户的需求和喜好，为他们提供定制化的解决方案。还可以通过线上线下相结合的方式，提供更加便捷、高效的服务，增强客户满意度和忠诚度。

（3）营销创新：在营销领域，我们应运用创新思维，制定独特的营销策略和手段，比如利用社交媒体、内容营销等新兴渠道，实现精准营销和高效传播；还可以尝试跨界合作，扩大品牌影响力；同时，运用创新思维，开展各种线上线下的活动，提高品牌知名度，吸引更多潜在客户。

（4）管理创新：为了提高企业管理效率，降低运营成本，我们应运用创新思维，优化企业管理流程，引入先进的管理理念和技术，实现企业信息化、智能化管理。例如，我们可以采用云计算、大数据、人工智能等技术，实现对企业资源的高效整合和利用。此外，还可以通过培训和引进人才，增强员工的创新意识和能力，从而提升整体管理水平。

（5）商业模式创新：在市场竞争日益激烈的环境下，我们要运用创新思维，寻求新的商业模式，实现转型升级，通过"互联网+"、共享经济等新兴商业模式，拓展新的盈利空间。例如，我们可以尝试将线上线下资源相结合，打造全新的消费场景，提供更加便捷、高效的服务；同时，通过与其他企业的合作，实现产业链的优化和整合，降低成本，提高竞争力。

要想培养商业行为中的创新意识与思维，可以从以下五个方面入手。

第一，增强学习意识。

在快速发展的时代，不断学习新知识、新技能是提高个人和企业竞争力的关键：关注行业动态和市场趋势，及时调整战略和方向；通过阅读专业书籍、参加培训、实践项目等，拓宽视野，增强创新意识；学会从不同领域汲取知识，培养跨界思维，在解决问题时灵活运用多种方法。

第二，培养好奇心。

好奇心是创新的源泉。我们要对新生事物保持敏感度和好奇心，勇于尝试，敢于挑战。好奇心能激发我们不断探索新的商业模式、技术应用和市场策略。我们要鼓励员工提出新的想法和建议，培养敢于质疑和挑战现状的精神。

第三，鼓励多元化思维。

在一个多元化的团队中，要尊重不同观点，鼓励团队成员提出不同的想法和建议，在解决问题和制定战略时，充分考虑各种可能性，提高决策质量；通过组织跨部门的讨论和合作，促进不同观点的碰撞和融合，从而激发创新思维。

第四，营造创新氛围。

鼓励创新企业文化，为员工提供宽松的创新环境，激励他们敢于创新、勇于实践；领导层要树立创新意识，为员工树立榜样；建立健全创新激励机制，对创新成果给予充分的肯定和奖励，让员工感受到创新的价值和意义。

第五，跨领域合作。

加强与不同行业、领域的交流与合作，借鉴其他领域的成功经验和创新方法，为自身发展注入新的活力；通过参加行业研讨会、交流活动等，了解其他行业的创新动态；与其他企业或研究机构建立战略合作关系，实现资源共享和优势互补。

通过以上方法，我们能够逐步培养商业行为中的创新意识与思维，从而在激烈的市场竞争中保持领先地位。创新是一个持续的过程，需要长期的努力和投入。只有在不断地学习、实践和反思中，才能真正实现创新思维的培养和提升。

6.2 颠覆式创新：
打破常规，重塑格局

如今，为什么很多人都选择用拼多多进行网购呢？因为拼多多成功地颠覆了传统电商平台的商业模式，将社交电商从单一的购物功能转变为一种充满社交互动的购物体验。这种创新模式为消费者带来了全新的购物体验，拼多多也因此迅速崛起，成为电商领域的一股新生力量。

拼多多的社交化购物体验主要体现在以下几个方面。

（1）拼团购物：拼团购物模式鼓励用户邀请亲朋好友一起购买商品，形成购物小团队。这种方式不仅降低了消费者的购物成本，还增加了购物过程中的互动性和趣味性，使得用户在享受优惠的同时，还能增进与亲朋好友的感情。

（2）社交分享：充分利用社交媒体平台，让用户在购物过程中可以轻松地分享商品信息给好友，让购物变得更加便捷，同时也为消费者提供了一个与朋友互动的途径。通过社交分享,迅速扩大商品的传播范围,提高品牌知名度。

（3）互动游戏：拼多多将互动游戏融入购物体验,让用户在购物过程中参与各种有趣的游戏,如助力砍价、签到领红包等。这样就增加了购物的趣味性,提高了用户在平台上的活跃度和留存率。

（4）个性化推荐：利用大数据和人工智能技术,对用户的行为和喜好进行深入分析,从而实现精准的商品推荐。这种个性化推荐方式让消费者能够更轻松地找到自己喜欢的商品,提高了购物满意度。

（5）社区互动：拼多多创建了社区功能,让用户在平台上互相交流购物心得,分享购物经验,购物的同时,还能使其结识志同道合的朋友,形成了一个活跃的社交圈子。

通过以上创新举措,拼多多成功地将电商平台从单纯的购物功能转变为一种充满社交互动的购物体验。这种模式不仅降低了消费者的购物成本,还让消费者在购物过程中享受到更多的乐趣。这种颠覆式创新为整个电商行业带来了新的发展机遇,也为消费者带来了更多元化的购物选择。

随着科技的飞速发展,商业环境也在不断变化。在这个快速变化的时代,颠覆式创新成为一种重要的商业策略。颠覆式创新就是打破常规,创造全新的产品、服务或商业模式,改变市场的竞争格局。

颠覆式创新模式具有以下几个特点。

（1）**突破性**：突破传统思维和技术的限制，以全新的视角和方式解决问题，实现突破性进展。这种突破性可能来自技术创新、管理创新或者市场策略创新等多个方面，从而为企业带来更高效、更具竞争力的解决方案。

（2）**颠覆性**：通过颠覆传统市场格局和商业模式，为企业带来巨大的竞争优势和市场机会。这种颠覆性表现为对现有市场的重新划分，或开辟全新的市场领域，使企业在竞争中脱颖而出。

（3）**创新性**：要求企业具备创新意识和创新能力，不断探索新的领域和市场，这就需要勇于尝试，敢于挑战，以满足不断变化的市场需求，抓住潜在的商业机会。

颠覆式创新模式通常表现为破坏性创新或颠覆性创新。破坏性创新是指企业通过打破现有市场规则和技术壁垒，以全新的产品或服务满足市场需求；颠覆性创新则是指企业通过全新的商业模式和价值主张，重新定义行业规则和市场格局。这两种模式都有助于企业在竞争中取得优势地位。

颠覆式创新的路径通常表现为从边缘市场或低端市场切入，逐步扩大市场份额和影响力。这种路径有助于企业在竞争激烈的市场中脱颖而出，实现跨越式发展。通过在边缘市场积累经验、技术和资源，逐步向主流市场渗透，最终占据行业领导地位。

颠覆式创新的组织通常表现为灵活、开放、创新型组织。这种组织结构能够适应快速变化的市场环境和技术趋势，为企业提供持续的创新动力和支持，鼓励员工积极参与创新过程，提倡跨部门合作，以实现企业整体创新能力的提升。

要想实践颠覆式创新，可以从以下策略入手。

（1）**开放式创新**：通过开放式创新，与外部合作伙伴共同开发新技术、新产品。这种合作方式可以帮助企业获取更多的创新资源，提高创新效率。

开放式创新可以通过与高校、研究机构、其他企业等多方合作，实现资源共享和互补优势。

（2）创新实验：鼓励员工进行创新实验，尝试不同的创新思路和方法。通过实验，发现哪些创新方案具有可行性和商业价值，从而进行进一步的投资和推广。创新实验可以采取多种形式，如内部竞赛、创新实验室等，以激发员工的创新潜能。

（3）创新孵化器：设立创新孵化器，在内部员工和外部创业者之间搭桥，为创新项目提供支持。孵化器可以提供资金、技术、市场等方面的支持，帮助创新项目快速成长。通过创新孵化器，企业可以培育新的业务领域，为未来的发展奠定基础。

（4）创新激励机制：企业应建立一套有效的创新激励机制，以激发员工的创新热情。激励机制可以包括奖金、晋升、股权等多种形式，以确保员工在创新过程中能够得到合理的回报。同时，企业还应该营造一个鼓励创新、容忍失败的氛围，让员工敢于尝试，勇于挑战。

总之，颠覆式创新是企业在激烈竞争中实现跨越式发展的关键策略。企业需要不断突破传统思维和技术限制，勇于尝试新的商业模式和市场领域，这样才能保持持续的竞争优势和市场领导地位。

6.3 创新实践：勇于尝试，不断试错与改进

在激烈的市场竞争中，失败总是难免的，这就像人生的路，总是崎岖不平的。那么，当我们遇到挫折、失败时该怎么办呢？Supercell（超级细胞）为我们树立了一个好榜样。这家来自芬兰的游戏开发公司，以其广受欢迎的游戏产品如《部落冲突》（*Clash of Clans*）和《皇室战争》（*Clash Royale*）而闻名于世。不要以为这家公司总是光环笼罩，它们也随时面临失败，只是它们勇于面对失败，"庆祝每一次失败"，将失败视为成功的教材，从中汲取宝贵的经验教训。

Supercell致力于试错与改进，积极应对失败，从失败中汲取经验教训。它们开发多个原型，然后根据用户反馈和数据分析对游戏进行持续优化。有时，他们甚至会在游戏即将上线前

进行大幅度的修改。通过勇于尝试、不断改进，Supercell 在短时间内迅速崛起，在竞争激烈的游戏市场中脱颖而出，成为全球游戏行业的领军企业。

可见，试错与改进在商业领域是非常重要的。只有积极面对失败，持续优化产品和策略，企业才能在不断变化的市场环境中保持竞争力，实现可持续发展。

要想成功，就要进行一系列尝试、试错和改进。每一个伟大的商业构想、产品或服务的诞生，都经历了漫长而艰难的探索过程。

在高度竞争的商业环境下，勇于尝试是企业获取竞争优势的关键。无论是新的市场策略、产品创新还是服务升级，只有通过实践，才能验证其可行性和效果。尝试的勇气来源于对未知的探索欲望和对成功的渴望，这就要求企业具备敏锐的市场洞察能力，敢于挑战传统，勇于突破自我。

那么，我们该如何面对失败，如何进行试错呢？下面是正确面对失败和试错的两个关键。

第一，接受失败，吸取教训。

我们总说，失败是成功之母。失败并不是终结，而是学习和成长的开始，我们需要在失败中迅速改变方向，重新出发。这样，才能在市场中找到自己的定位，形成竞争优势。

要做到这一点，应该有两方面的准备：①要建立一种包容失败的企业文化，鼓励员工勇于尝试和创新，失败时不畏惧，敢于承担责任，才能从失败中吸取教训；②要建立健全失败分析机制，从失败中获得经验，通过深入剖析，找到潜在的改进空间，为下一次尝试打好基础。

第二，数据驱动，科学试错。

在试错过程中，要注意数据的收集和分析，积累大量有关创新项目的详细信息，对项目的进展、效果和潜在问题进行全面、深入的评估。这些数据有助于我们更好地了解项目的实际情况，从而制定出更为明智的决策。

数据驱动的试错方法强调了在创新过程中充分利用数据的价值。通过对数据进行挖掘和分析，能够发现潜在的问题和机会，从而更有针对性地进行改进，帮助企业避免盲目性，降低试错的成本和风险。同时，试错还能提高改进措施的有效性，确保企业在有限的资源下取得最大的收益。

为了充分利用数据驱动的试错方法，企业要建立一套完善的数据收集和分析体系，包括制定数据收集的标准和流程，确保数据的准确性和完整性；采用先进的数据分析工具和技术，提高数据处理和分析的效率；建立跨部门的协作机制，确保数据在企业内部得到充分的共享和应用。

有了积极正确的试错态度，接下来企业就要进入具体改进阶段。在此阶段，企业要做到以下几点。

第一，迭代创新，持续改进。

改进是商业策略的核心。为了适应市场的变化、满足客户的需求，企业要不断优化和升级现有的产品或服务，要具备敏锐的市场洞察力和快速响应能力，在短时间内对产品或服务进行调整。以下是实现持续改进的一些建议：①持续关注市场动向和竞争对手状态，及时了解行业动态和市场趋势，调整自身战略；②建立跨部门协作机制，鼓励团队成员之间的沟通与合作，共同寻求改进方案；③定期审查产品或服务的性能和效果，确保其始终符合客户的期望和需求。

第二，用户反馈，指导改进。

我们要主动收集和分析用户反馈，发现产品或服务的问题和不足：①建立多种渠道收集用户反馈，如在线调查、电话访问、社交媒体互动等，以获取更全面的信息；②对用户反馈进行归类和分析，找出产品或服务的优点和不足，以便制定针对性的改进措施；③及时回应用户的意见和建议，让用户感受到企业的关注和重视，从而提高用户满意度和忠诚度。

此外，企业还要建立完善的用户反馈机制，确保用户的声音能被及时关注和处理。充分利用好用户反馈，才能更好地了解市场需求，推动产品和服务的持续优化，从而在竞争中脱颖而出。

在尝试新生事物的过程中，企业难免会遇到挫折和失败。这时，就要从失败中汲取经验，调整策略，以更好地应对各种挑战。企业应该营造一个包容失败的企业文化氛围，鼓励员工勇于尝试，在失败中学习和成长。这样，企业才能摸索出适合自己的发展道路，形成独特的竞争优势。

6.4 创新领导力：
引领团队，激发创新活力

沙塔努·纳拉恩（Shantanu Narayen）是 Adobe 公司的董事长、总裁兼首席执行官。他给人们留下的深刻印象就是卓越的领导才能和对创新的执着追求。纳拉恩的主要成就之一就是将 Adobe 的创新软件专营权从传统的桌面应用成功地转移到了云端计算领域。这一战略转型使得 Adobe 能够更好地适应市场的变化，为客户提供更加便捷、高效的解决方案。

在纳拉恩的领导下，Adobe 成功地开发了一系列基于云的创新产品和服务，如 Adobe Creative Cloud、Adobe Document Cloud 和 Adobe Experience Cloud 等。

纳拉恩的能力并不局限于为公司创造价值，他还非常重视企业文化建设。在 Adobe 员工看来，纳拉恩积极推动创新，鼓励大家尝试新鲜事物，为员工提供了一个充满创意和灵感的工作环境。这种以创新为核心的企业文化，使得 Adobe 能够不断地吸引和留住优秀的人才，进一步巩固了公司在行业中的领导地位。

在当今快速变化的商业环境中，领导力的重要性日益凸显。特别是在面临挑战和机遇时，创新领导力成为企业能否成功的关键因素。创新领导力不仅是指具备创新思维和能力的领导者，更是指能够引领团队、激发创新活力的领导者。这样的领导者能够在复杂多变的商业环境中，带领团队应对各种挑战，发掘新的机会。

创新领导力体现在以下几个方面。

（1）**远见卓识**：创新领导者要具有敏锐的洞察力，能够预测市场趋势和行业变革，为企业制定长远的战略目标；关注全球范围内的经济、政治、社会和技术发展，以便在关键时刻做出明智的决策。此外，他们还要具备跨界思考的能力，能够从不同领域汲取灵感，为企业带来全新的发展机遇。

（2）**勇于冒险**：创新领导者要敢于挑战现状，勇于尝试新的方法和思路，只有不断尝试，才能找到最佳的解决方案；在面对不确定性和风险时，要敢于承担责任，积极寻求突破。同时，他们还要具备较强的抗压能力，在困境中保持冷静，迅速调整策略，引领团队走出困境。

（3）**激励他人**：创新领导者要擅长激发团队成员的潜能；要鼓励他们提出创新性的想法和建议；要懂得如何调动员工的积极性，创建良好的团队合作氛围；要建立公平、透明的激励机制，让员工在实现个人价值的同时，为企业创造更大的价值；要擅长倾听，能够关注员工的需求和困扰，及时给予支持和帮助。

（4）**学习能力**：创新领导者要具有较强的学习能力，不断吸收新知识，提高自身素质。同时，创新领导者还具备批判性思维能力，能够对现有的知识体系进行反思和质疑，从而推动企业不断创新和发展。

企业要想在激烈的市场竞争中保持领先地位，就要激发团队创新活力。为此，企业首先需要营造一种鼓励创新、包容失败的氛围。这种氛围能够让团队成员敢于尝试新的想法和方法，敢于承担责任。只有这样，团队成员才会更愿意分享彼此的知识和经验，从而提高整体的创新能力。

为了营造鼓励创新的氛围，企业领导者可以采取以下几种策略。

（1）**鼓励团队成员提出新的想法和建议，对于好的想法给予及时的反馈和认可**。这将有助于激发团队成员的积极性，让他们感受到自己的意见和想法是受人重视的。

（2）**建立容错机制，允许团队成员在创新过程中犯错误，并及时总结经验教训**。这将有助于减轻团队成员对失败的恐惧，让他们更愿意尝试新的方法和思路。

（3）**定期组织团队活动，加强团队成员之间的交流与合作，促进知识和经验的共享**。这将有助于建立团队凝聚力，提高团队整体的创新能力。

为了激发团队创新活力，企业还要提供充足的创新资源和支持，这主要包括以下几方面。

（1）**资金投入**：为创新项目提供足够的资金支持，确保项目的顺利进行。

（2）**技术研发**：加大技术研发投入，引进先进的技术和设备，提高企业的技术创新能力。

（3）**信息资源**：充分利用互联网、大数据等信息技术，为团队提供丰富的信息资源，帮助团队更好地开展创新工作。

（4）**外部合作**：积极寻求外部合作伙伴，共享资源，拓展创新领域。

激励创新成果是激发团队创新活力的有效手段。领导者可以通过以下方式激励创新成果。

（1）给予团队成员适当的奖励和荣誉，让他们感受到自己的努力得到了认可和回报。这将有助于提高团队成员的积极性，推动创新活动的开展。

（2）建立完善的激励机制和评估体系，鼓励团队成员不断创新、追求**卓越**。这将有助于确保团队成员保持高昂的创新热情，为企业发展贡献更多的创新成果。

（3）为团队成员提供职业发展和晋升机会，激发他们的创造力和潜力。这将有助于留住优秀人才，为企业的长远发展提供持续的创新动力。

企业需要不断探索新的商业模式，优化流程，提高效率以应对市场竞争，而激发团队创新活力才能为企业提供源源不断的创新动力和竞争优势，帮助企业在市场竞争中保持领先地位。因此，激发团队创新活力，采取有效措施来培养和提高团队的创新能力，对领导者来说非常重要。

6.5 创新文化：营造创新氛围与环境

提起 3M（Minnesota Mining and Manufacturing Company）公司，大家并不陌生，它是一家全球性的多元化科技公司，善于创新和创造，在全球范围内居于领先地位，很多人都在研究其成功经验。要想找到答案，就要从 3M 公司的创新机制说起，这主要包括技术和科学文化、创新资源管理，以及开放式创新三方面内容。

首先，技术和科学文化是 3M 公司创新机制的重要组成部分。公司鼓励员工创新，开展广泛的培训，提供发展机会，通过不断的学习而形成一种能力。同时，3M 公司鼓励员工大胆尝试，允许失败。这种宽容的态度，使员工放开手脚，积极尝试，从而增强创新精神。

其次，3M 公司利用丰富的专利和知识产权组合，保护自己的创新成果。公司设有专门的创新团队，负责新技术的监控和管理，有效地把握新产品和新市场的机会。同时在公司内部鼓励创新和跨部门合作，这样，就使创新成果得到有效的整合和推广。"15% 时间政策"，是 3M 公司的一大特色，员工每周可以将 15% 的工作时间用于个人兴趣和创新项目，此举激发了员工的创造力和想象力。

最后，3M 公司勇于尝试开放式创新，与其他科研单位和高校进行合作。通过这种交流与合作，3M 公司获得了最新的科研成果和技术知识，并加以实施。此外，3M 还鼓励员工参与行业协会和专业组织，并定期举办创新竞赛和活动，通过这些活动，分享和推广创新理念。

3M 公司将创新作为工作重点，鼓励员工敢于尝试、创新，追求卓越。这种文化氛围强调开放、包容、协作和快速响应市场变化。经过创新文化的熏陶，员工能够充分发挥自己的创造力和想象力，为企业带来更多的创新成果。

营造企业创新氛围与环境，我们可以从以下六个方面入手。

第一，引入创新导师制度。

在发展过程中，企业要积极寻求行业内的专家、学者或成功创业者，与之建立合作关系，邀请他们担任创新导师。这些创新导师具有丰富的行业经验和独到的见解，可以为企业提供宝贵的指导和建议，特别是在创新项目的选择、实施和优化过程中，他们可以帮助企业建立与行业内外的联系，拓展资源和合作机会。

为了确保创新导师制度的有效实施，企业可以采取以下几个措施：①设立专门的导师管理部门，负责与创新导师的日常沟通和协调工作；②定期组织创新导师与企业内部团队的交流会议，加强双方的了解；③为创新导师提供一定的激励机制，如顾问费、股权激励等，以保持他们的积极参与和投入。

第二，举办创新沙龙或研讨会。

为传播和推广创新文化，企业可以定期举办创新沙龙或研讨会，使员工自由分享创新想法、经验和成果，互相学习和启发。此外，企业还可以邀请外部专家和行业同仁参与其中，以拓宽员工的视野和认知。

为提高创新沙龙或研讨会的效果，企业可以尝试以下方法：①设定具体的主题和目标，这样才能确保活动的针对性和实用性；②采用互动性强的讨论形式，如小组讨论、角色扮演等，以增加参与者的积极性和参与度；③对表现突出的员工给予表彰和奖励，激发他们的创新热情。

第三，设立创新基金。

为了鼓励员工积极投身创新活动，企业可以设立创新基金，为有潜力的创新项目提供资金支持。这不仅有助于解决项目的资金问题，还能让员工感受到企业对创新的重视和支持，从而更加积极地参与创新实践。

在管理创新基金时，企业需注意以下几点：①企业可以设立专门的基金管理委员会，负责基金的申请、审批和使用监督；②企业需制定明确的基金使用规定和标准，确保资金用于真正有价值的创新项目；③企业要对基金使用情况进行定期评估和总结，以便及时调整基金政策，提高资金使用效率。

第四，引入敏捷开发方法。

敏捷开发方法强调快速响应市场变化，通过短周期的迭代开发来实现产品的持续改进。企业可以将敏捷开发方法引入产品研发过程，提高产品的质量，降低开发成本并缩短上市时间。

在实施敏捷开发方法时，企业需要培训员工掌握敏捷开发的理念和实践；优化组织结构和管理模式，打破部门间的壁垒，提高跨部门协作效率；注重团队自组织和自管理能力的培养，提高团队在面对变化时的适应性和灵活性。

第五，鼓励员工跨界合作。

跨界合作有助于打破思维定式，为企业带来新的视角和创意。与其他部门、其他领域进行合作，共同探讨和解决创新过程中遇到的问题。

为了促进跨界合作，企业可以设立跨部门合作项目，鼓励员工参与；举办跨界交流和培训活动，了解其他领域的知识和技能；建立激励机制，表彰和奖励成绩突出的员工。

第六，建立创新实验室或创客空间。

创新实验室或创客空间，有利于激发员工的创造力和创新潜能。企业应充分利用这些空间，组织各类创新活动，推动项目的快速迭代和实施。

在建设和管理创新实验室或创客空间时，企业需要提供先进的设备和工具，满足员工的需求；设立专门的管理团队，负责空间的日常运营和维护；定期组织创新活动，如工作坊、黑客松（指黑客马拉松，一种编程马拉松）等，吸引员工积极参与。

这些方法可以帮助企业营造一个更加开放、包容、创新的氛围与环境。当然，具体的方法还需要根据企业的实际情况和需求进行调整和优化。

Part

7

谋局之剑：有效执行

7.1 执行力的重要性：实现目标的关键环节

Square 是一家为小中型企业提供创新支付解决方案的公司。起初，Square 只是一家小型创业公司，其创始人兼首席执行官 Jack Dorsey 领导公司迅速崛起并取得了显著的成功。很多人都想知道，这家公司的成功经验是什么。Square 成功的根本在于其强大的执行力和高效的团队协作。

Jack Dorsey 具有卓越的执行力和果断的决策能力。在他的引领下，团队表现出了高度的执行力和协同作战能力。创业之初，他们面临的一个重大挑战，就是如何在短时间内将 Square 的支付解决方案推向全美市场，以便在竞争激烈的支付行业中脱颖而出。

为了实现这一目标，公司团队采取了一系列措施。首先，他们与各类小型商家合作，通过提供定制化的支付解决方案来满足不同行业的需求。此外，他们还推出了一款简单易用的读卡器，使商家可以方便地将支付功能集成到业务中。这款读卡器可以与智能手机和平板电脑连接，为商家提供了一种便捷、低成本的支付处理方式。

同时，Square团队还大力推广其移动应用程序，使消费者可以通过手机轻松完成支付。这款应用程序不仅支持信用卡和借记卡支付，还提供了诸如发票管理、销售报告和库存追踪等丰富的功能，帮助商家更有效地管理业务。

在短短几年内，Square成功地将其支付解决方案推广到全美各地，赢得了广泛的市场认可和客户信赖。如今，Square已经成为美国最受欢迎的支付解决方案之一，为数百万个商家提供了便捷的支付处理服务。

这个案例充分说明，具备强大的执行力，就能帮助一个创业公司在短时间内实现其目标。通过制定明确的战略目标、采取有效的市场推广策略以及保持高效的团队协作，Square成功地在竞争激烈的支付行业占据了一席之地。

由此可见，执行力能将企业战略目标转化为实际行动，它是获得成功的关键。执行力不仅关乎企业内部的管理和运营，还影响其在市场竞争中的地位和发展潜力。

第一，执行力是企业战略实施的核心。

企业的成功不仅需要优秀的战略，更重要的是将战略付诸实践。例如，苹果公司就是既有创新的产品设计理念，还有卓越的执行力，才成功地将iPhone推向市场，成为全球智能手机的领导者。执行力能够帮助企业将战略目标分解为具体的任务和行动计划，使每个员工都明确自己的职责和目标，从而提高整个团队的工作效率。如丰田汽车公司就是将生产过程分解为一系列具体的步骤，这样就提高了生产效率和质量。

第二，执行力有助于企业在竞争中保持领先地位。

在激烈的市场竞争中，企业需要迅速做出决策并付诸实践，以便在竞争中占得先机。例如，亚马逊凭借其强大的执行力，迅速扩展到云计算、人工智能等领域，巩固了其市场地位。可见，强大的执行力能够确保企业在关键时刻迅速调整战略，应对市场变化。同时，执行力还能帮助企业从多方面持续创新，从而在竞争中保持领先地位，如特斯拉在电动汽车领域的持续创新和市场拓展。

第三，执行力能够提高企业的抗风险能力。

在商业环境中，企业面临着各种不确定因素。众所周知，2008年金融危机期间，许多企业陷入困境，究其原因，就是因为执行力不足。而强大的执行力能够帮助企业在面临风险时迅速作出反应，调整战略和行动计划，从而降低风险对企业的影响。同时，执行力还能够提高企业在危机中的应变能力，帮助企业渡过难关，如在非典时期，很多企业都面临危机，但阿里巴巴却凭借提高执行力，迅速调整业务战略，成功度过了危机。

第四，执行力对于企业文化的塑造具有重要意义。

企业具有强大执行力，才能培养出一支高效、敬业的团队。例如，华为公司通过严格的培训和选拔制度，形成了一支执行力强大的团队。这种团队精神和执行力会形成一种积极向上的氛围，激发员工的工作热情和创造力。同时，还能够提高企业的品牌形象，为企业赢得客户和合作伙伴的信任，如宜家家居能赢得全球消费者的认可，一方面是因为产品的优质，另一方面则是因为其高效的执行力。

第五，执行力对于企业持续发展具有关键作用。

市场环境常常发生变化，只有不断调整战略，才能应对新的挑战。例如，微软公司在面临移动互联网的挑战时，通过执行力迅速调整战略，成功转型为云计算和人工智能领域的领导者。强大的执行力能够确保企业在面临变革时，迅速调整组织结构、资源配置等，实现持续发展。同时，执行力还能够提高企业在并购、合作等方面的成功率，为拓展市场、实现规模经济提供有力支持，如谷歌收购安卓操作系统，就巩固了其在移动操作系统市场的地位。

在日常运营中，执行力体现在企业对日常工作的管理和执行上。高效、有序的日常运营能够确保企业各项工作的顺利进行，提高工作效率和质量，而强大的执行力则是实现这一目标的关键。

在项目管理中，执行力同样发挥着至关重要的作用。项目管理涉及方面广泛，而执行力则是确保项目顺利实施的关键因素。只有具备强大的执行力，才能确保项目按照计划进行，及时解决问题，确保项目的成功完成。

此外，执行力还涉及企业的创新和改革。在不断变化的市场环境中，企业需要不断创新和变革，才能适应新的需求和挑战，而强大的执行力则是推动企业创新和改革的关键因素。

7.2 目标明确：制定清晰明确的目标与计划

"让全天下没有难做的生意"，这是阿里巴巴自创业之初就设定的一个宏伟目标。这不仅是一个商业愿景，更代表了一种社会理想，即通过技术的力量，打破地理和文化的界限，让人们能够跨越时空的障碍，实现更广泛和深入的交易和沟通。阿里巴巴的这一目标，不仅为其发展指明了清晰的方向，而且也对整个社交平台交易产生了深远的影响。

阿里巴巴的目标清晰明确，它不是一个抽象的概念，而是一个有着具体的实施路径和可衡量的结果。阿里巴巴通过技术创新和产品迭代，始终保持敏锐的洞察力和快速的反应能力，敢于颠覆常规，融合人工智能、物联网、区块链等前沿技术，运用其强大的技术实力，为广大中小企业和普通消费者提供更加便捷、高效的服务。

阿里巴巴深知，科学技术的日新月异，彻底改变了人们的生产和生活。阿里巴巴作为互联网行业的企业标杆,有责任投入大量的资金和人力,进行一系列技术创新,使公司的产品和服务不仅具有高度的智能化和便捷性,还能根据用户需求进行个性化定制,使"以人为本"的公司理念落在实处。

阿里巴巴通过精准的广告和数据分析,能够为全国用户提供个性化的内容和服务,同时也为广告商提供定向营销平台。这种模式的成功,进一步证明了阿里巴巴目标的明确性和可行性。

从目标设定的角度来看,阿里巴巴的成功在于它能够将一个宏大的愿景转化为一系列具体的行动计划,并持续地进行调整和优化。阿里巴巴不仅激励了自己的大多数员工,也吸引了全国数亿用户的信任和参与。阿里巴巴的目标设定和实现过程,为我们提供了宝贵的经验和启示:一个清晰明确的目标,是驱动企业持续创新和成长的关键动力。

目标要明确,计划要周密,这是成功的关键因素。一个没有清晰目标的企业就像一艘没有舵的船,只能随波逐流。因此,制定清晰明确的目标与计划至关重要。无论是初创企业还是成熟公司,都需要有一个清晰的愿景来指导其战略决策和日常运营。

有人可能会说,目标不就是一个期望吗?其实,没有这么简单。在商业环境中,目标就是企业战略的核心。明确的目标为企业提供了一个方向,使所有的资源和努力都能朝着一个共同的终点前进。目标的设定应该基于对市场、客户需求、公司能力和竞争环境的深入理解。它们应该是可衡量的，以便跟踪进度和评估成效。

目标可以分为短期目标和长期目标，我们还要学会区分这一点。短期目标通常与日常运营和季度或年度业绩相关，而长期目标则与企业的愿景和使命紧密相连。例如，一个初创公司可能会设定短期目标为增加市场份额，而长期目标可能是成为行业领导者。同时，目标还可以分为财务目标、运营目标、市场目标等，每种类型的目标都有其特定的衡量标准和实现路径。

目标的设定和实现是企业成功的关键，制定明确、切实可行的目标需要一系列的策略性步骤，确保企业不仅有一个清晰的方向，而且有实际的路径去实现这些目标。这就需要做到以下几点。

第一，市场和内部分析。

企业在制定任何目标之前，都需要进行深入的市场和内部分析。市场分析涉及对客户需求、行业趋势、技术发展、政策法规以及竞争态势的细致研究。了解客户的声音可以帮助企业确定产品或服务的发展方向；对行业的洞察有助于企业把握市场机会和规避风险。内部分析则是对企业自身进行深入剖析，包括评估公司的优势、劣势、机会和威胁（SWOT分析）。通过这一步骤，企业能够清晰地认识到自己的核心竞争力在哪里，哪些方面需要改进或优化。

第二，愿景和使命的明确。

基于市场和内部分析的结果，企业应明确其长期愿景和短期使命。愿景可以激发员工的激情和动力；使命则是企业为实现愿景而承担的责任和任务，它更加具体和可操作。明确的愿景和使命不仅为企业指明了方向，也为后续的目标设定提供了坚实的基础。

第三，设定 SMART 目标。

有了愿景和使命，还需要设定具体的目标。SMART 是一个被广泛应用的目标设定框架，它要求目标具有具体性（Specific）、可衡量性（Measurable）、可达成性（Attainable）、相关性（Relevant）和时限性（Time-bound）。这意味着每个设定的目标都应该是清晰明确的，有明确的衡量标准，既不过于轻松也不过于难以实现，并且有明确的时间要求。

第四，目标的分解。

大的目标往往需要时间和多方面的努力才能实现。因此，将大目标分解为更小、更具体的短期目标是至关重要的。这样做可以让员工更明确地看到自己的工作与整体目标之间的联系，也能确保每个目标都有明确的负责人和执行计划，从而提高目标的可实现性。

第五，资源分配。

目标的实现离不开资源的支持。根据目标的重要性和紧迫性，企业需要合理分配人力、财力和物力资源。这意味着要优先保障对实现企业战略目标至关重要的项目和活动，确保它们得到足够的资源支持。

第六，目标的沟通和共识。

企业制定的目标还需要得到所有团队成员的理解和认同。这就要求企业在目标设定过程中进行充分沟通和征求员工的意见，确保最终确定的目标能够反映团队的共同意愿和努力方向。当所有成员都明白并认同企业的目标时，团队的凝聚力和执行力将大大提高，从而为目标的顺利实现提供有力保障。

综上所述，制定目标并不是一蹴而就的事情，它需要深思熟虑和多方参与，每一个步骤都承载着企业对未来的期望和努力。只有当这些步骤得到充分的执行和跟进，企业的目标才有可能从纸面上的文字变为现实中的成就。因此，企业应当时刻保持对目标制定过程的关注和调整，确保每一步都走得坚实有力，从而为企业的发展奠定坚实的基础。

7.3 任务分解：
将任务分解为可操作的小目标

    微软在开发 Windows 操作系统的过程中，采取了一种系统化的方法来确保最终产品的质量和用户满意度。这种方法的核心在于将复杂的开发任务分解为一系列可管理的小目标。这种分解不仅提高了项目的可执行性，还能更有效地监控进度和质量。

    用户界面设计是操作系统开发中至关重要的一环。微软将其分解为多个子任务，通过细致地打磨每一个元素，确保了用户界面的直观性和易用性。这种对细节的关注不仅提升了用户体验，也使操作系统在视觉上更吸引人。

    系统稳定性测试是确保 Windows 能够长时间稳定运行的关键。微软通过模拟各种使用场景和极限条件，对操作系统进行了全面的测试。这包括对系统资源管理、错误恢复机制和软件崩溃处理的测试。通过这种方法，微软能够及时发现并修复潜在的问题，从而提高系统的稳定性。

兼容性优化是微软在开发过程中的另一个重点。随着硬件和软件的不断更新，确保Windows能够与各种设备和应用程序无缝协作变得尤为重要。微软通过与硬件制造商的紧密合作，以及对软件API的持续更新，确保了操作系统的广泛兼容性。

最后，微软在操作系统开发中不断提升安全性能。随着网络攻击手段的日益复杂，保护用户数据和使系统免受恶意软件的侵害变得至关重要。微软通过集成先进的安全技术，如防火墙、反病毒软件和数据加密，来增强Windows的安全防护能力。

通过将这些小目标分解并逐一实现，微软能够确保Windows操作系统在发布时具备高质量的用户界面、稳定的系统性能、广泛的兼容性以及强大的安全防护。这种方法不仅提高了开发效率，还使团队更加专注于每个领域的细节，从而最终为用户提供了一个可靠、易用且安全的操作系统。

从分解目标的角度分析，微软的策略体现了项目管理中的"分而治之"原则。这种方法允许团队将注意力集中在具体的、可实现的子任务上，使每个小目标的完成都为最终产品的成功贡献了一部分力量。此外，分解目标还有助于风险管理，可以更早地识别和解决潜在问题。这种策略不仅适用于软件开发，也适用于任何需要复杂协调和多步骤执行的项目。通过将大目标分解为小目标，能更有效地规划资源，分配任务，并最终实现项目的成功。

我们常常面临各种复杂且庞大的任务，这些任务具有高度的挑战性和不确定性。有效地完成这些任务，使之转化为可操作和可实现的目标，是我们需要掌握的技能。将任务分解，能更好地组织和实施计划，最终实现任务目标。通过逐个完成小目标，我们能够逐步逼近最终的目标，提高执行效率和成功率。

那么，如何进行任务分解呢？我们可以采用以下方法。

第一，识别大任务。

在商业谋局中，我们首先要明确主要挑战和机遇，这些通常构成了企业需要处理的大任务。例如，一家科技公司可能需要开发一款新的软件产品来占领市场，或者一家零售商可能需要扩大其在线销售渠道以适应数字化趋势。识别这些大任务是任务分解的起点，它要求企业高层具有清晰的战略视野和敏锐的市场洞察力。

第二，确定关键成功因素。

大任务确定后，接下来就是分析并确定完成这些任务的关键成功因素。这些因素可能包括市场趋势、竞争对手的行动、内部资源的可用性、技术能力，以及客户需求等。例如，开发新软件产品，关键成功因素可能包括创新的技术解决方案、强大的研发团队，以及有效的市场推广策略。确定了关键成功因素，我们才可以设定小目标，并制定实现各个小目标的策略。

第三，制定小目标。

在明确了关键成功因素后，我们需要将大任务分解为一系列可衡量、可达成的具体的小目标。例如"在下个季度内完成软件的原型设计",并明确时间节点,如"在三个月内完成"。同时,将每个小目标的责任落实到具体的个人或团队,确认每个人的职责和期望结果。

第四,进行优先级排序。

小目标确定后,基于任务的紧迫性、对整体目标的贡献程度以及资源的可用性,还要对它们进行优先级排序。例如,对于一个新产品开发项目,可能要赋予最高优先级,因为它为后续的设计和开发工作提供了基础。通过优先级排序,我们可以确保关键和紧急任务得到优先处理,从而提高整体项目的效率。

第五,分配资源和制订计划。

确定了小目标和优先级后,我们还要根据每个小目标的具体需求来分配资源,并制订详细的行动计划。例如,如果一个小目标是"在下个月完成市场调研",那么企业可能需要分配市场研究团队、预算和时间来确保这一目标的实现。资源的合理分配和计划的制订是确保小目标得以有效执行的基础。

第六,迭代和反馈。

任务分解是一个动态的、持续的过程,要根据项目的实际进展和外部环境的变化进行调整。也就是说企业需要建立一个反馈机制,定期评估小目标的完成情况,并根据实际情况进行调整。例如,如果市场调研显示目标市场的需求与最初的假设有所不同,那么产品设计的小目标可能需要重新定义。通过迭代和反馈,企业能够保持灵活性,确保其战略目标得以适应变化并最终实现。

通过上述步骤，我们能有效地将复杂的大任务分解为一系列可操作的小目标，从而提高项目的成功率和效率。这种方法不仅适用于新产品开发、市场扩张等具体项目，也适用于企业的整体战略规划和执行。

7.4 时间管理：合理安排时间，提高工作效率

艾伦·穆拉利担任福特汽车公司 CEO 期间，曾进行过一次重要改革，即制定"商业计划回顾（BPR）"周会制度。此前，福特的高管们在会议中花费了大量时间，这不仅降低了工作效率，还可能导致战略执行的延迟。穆拉利意识到，为了提高公司的竞争力，必须优化时间管理，确保决策过程既高效又便捷。

BPR 周会取代了耗时的"会议周"，将公司最高层管理者的会议时间缩短至每周 4—5 小时，目的就是集中精力制定战略和检查绩效，确保公司目标与实际业务紧密相连。会议内容遵循统一标准，减少了不必要的准备时间，使得会议更加紧凑和具有针对性。

这一改革的核心在于时间的合理分配和利用。通过减少冗长的会议时间，福特不仅节约了数千小时的宝贵资源，还显著

> 提高了决策的质量和速度。这种时间管理策略的实施,使公司能够更快地响应市场变化,加速了内部流程,提升了办事效率。

从时间管理的角度来看,BPR周会的成功在于其对会议效率的优化。它通过减少会议时间,提高了效率,将更多的时间投入战略规划和关键决策中。这种以结果为导向的时间管理方法,不仅提升了福特的运营效率,也为其他企业提供了一个优化会议流程、提高工作效率的典范。通过这样的改革,福特展现了其对时间管理的重视,以及在快节奏商业环境中保持竞争力的决心。

时间管理不仅是个人效率的体现,更是企业竞争力的关键。有效的时间管理能够帮助企业在激烈的市场竞争中脱颖而出,实现战略目标。为了实现这个目标,我们有必要从商业谋局的角度探讨时间管理的重要性,并提出一些实用的时间管理策略,以期为企业的高效运作提供参考。时间管理的重要性主要体现在以下几个方面。

第一,时间管理对于企业的战略规划至关重要。

企业的战略规划需要明确的目标和合理的时间表。通过精确的时间管理,可以确保各个项目按照既定的时间节点顺利推进,避免资源的浪费和目标的偏离。例如,新产品的研发、市场推广活动的策划,以及供应链的优化等,都需要精确的时间控制。

第二，时间管理对于提升团队协作效率同样不可或缺。

在团队工作中，每个成员的时间分配和任务完成情况直接影响到整个团队的进度。通过有效的时间管理，团队成员可以明确各自的职责和期限，减少不必要的沟通成本，提高协作效率。此外，合理的时间安排还可以确保团队在面对突发状况时迅速做出响应，保持业务的连续性和稳定性。

第三，时间管理对于企业资源的优化配置具有显著作用。

资源是有限的，但通过精确的时间规划，我们可以将其集中在关键任务上，避免分散和浪费。例如，在市场营销中，我们可以通过数据分析，确定最佳的广告投放时间和渠道，从而实现成本效益的最大化。

那么，如何实施有效的时间管理策略呢？下面是几条经过实践检验有效的建议。

第一，进行优先级排序。

在任务繁多的情况下，优先级排序是确保关键任务得到优先处理的有效方法。四象限法则，也被称为艾森豪威尔矩阵，它是一种优先级排序工具。它将任务分为四个类别：紧急且重要（如处理客户投诉）、紧急但不重要（如回复不重要的邮件）、不紧急但重要（如战略规划）、不紧急且不重要（如浏览社交媒体）。通过这种方法，团队成员可以清晰地识别哪些任务是当前最需要关注的，哪些可以稍后处理或者委托给他人。这种排序不仅提高了工作效率，还有助于避免因处理次要任务而忽视了重要任务的情况。

第二，制订详细的工作计划。

每个团队成员都应该有一个详细的工作计划，包括每日、每周和每月的任务清单。这样，团队成员就能更好地规划自己的时间，确保任务按时完成。例如，一个项目经理可能会在每周开始时制订一个周计划，列出所有需要完成的任务，并将它们分配到每一天中。这不仅有助于提高个人效率，还能让团队成员清楚地了解自己的工作进度，以及如何与团队其他成员的工作协调一致。

第三，采用时间管理工具。

现代科技提供了多种时间管理工具，这些工具可以帮助企业提高时间管理的效率。日程管理软件如 Google 日历、Outlook 等，可以帮助团队成员跟踪自己的日程，设定提醒，避免错过重要会议或截止日期。项目管理工具如 Trello、Asana 等，可以让团队成员共享任务进度，分配责任，跟踪项目的整体进度。通过这些工具，我们可以更有效地协调资源，减少沟通成本，确保项目按时按质完成。

第四，定期回顾和调整。

企业应定期回顾时间管理的效果，根据实际情况调整策略，包括对已完成的任务进行评估，以及对未来计划的调整。例如，每月的团队会议可以用来回顾过去一个月的工作，讨论哪些任务完成得好，哪些需要改进。团队可以通过回顾找出时间管理中的问题，如任务分配不合理、资源浪费等，并据此调整未来的工作计划。这种持续的改进有助于企业不断优化其时间管理策略，提高整体效率。

第五，培养良好的时间管理习惯。

企业应鼓励员工培养良好的时间管理习惯，避免拖延，集中精力处理任务，合理安排休息时间等。例如，员工可以通过使用番茄工作法来提高工作效率，即工作 25 分钟后休息 5 分钟，每完成四个"番茄"后休息 15—30 分钟。这样有助于保持员工的精力和专注度。此外，我们还可以通过培训和工作坊向员工传授时间管理的技巧，像如何设定优先级、如何有效利用碎片时间等。

7.5 执行力文化：培养重视执行力的团队文化

"日事日毕，日清日高"是海尔集团的管理理念和企业文化的核心组成部分。这一理念体现了海尔对效率和质量的极致追求。"日事日毕"要求员工当日的工作必须当日完成，确保工作的连续性和高效性。同时，"日清日高"则要求员工在完成当日工作的基础上，不断寻求改进和提升，追求更高的工作质量和效率。这种管理方式旨在培养员工的责任感和自我驱动力，确保每个员工都能够在各自的岗位上发挥最大的潜能，从而推动整个企业的持续进步和发展。

海尔的这一管理理念要求员工需具备高度的责任感和自我管理能力。每天的工作不仅是对个人能力的考验，也是对团队协作和执行力的检验。海尔通过这一理念，培养了员工的主动性和积极性，使得每个人都能在各自的岗位上发挥最大的作用。

> 海尔的时间管理理念作用巨大：它强化了员工的时间管理意识，使得团队能够更加高效地分配资源和精力，确保任务按时完成；这种理念鼓励员工在执行过程中不断反思和学习，通过持续改进来提升工作效果，这不仅提高了执行力的质量和效率，也增强了团队的适应性和创新能力；海尔通过这一理念建立了一种积极的企业文化，这种文化激励员工主动承担责任，追求卓越，形成了一种内在的驱动力，使得执行力成为一种自觉行为，而不仅仅是外在的要求。

在商业领域中，执行力是一个常被提及但又难以捉摸的概念。多数企业都深知执行力的重要性，但真正能够实现高效执行的团队却并不多见。为了更好地理解执行力这一概念，我们需要深入探讨执行力的本质，以及在商业谋局中如何形成执行力。主要内容包括以下几个方面。

第一，执行力不仅是"做"，更是"如何做"。

在商业实践中，执行力的内涵远比简单的"完成任务"要丰富得多。它涉及团队成员对任务的深入理解、对资源的合理配置、对风险的有效管理，以及对结果的持续优化等方面。执行力要求团队成员不仅要有完成任务的能力，还要有预见性地识别潜在问题、创造性地解决问题的能力。这就需要团队成员具备跨领域的知识、对市场动态的敏感性，以及在团队内部建立良好的沟通和协作机制。因此，培养执行力的第一步是改变对执行力的传统认知，将其视为一种综合性的、动态的能力，这包括但不限于战略规划、资源管理、风险控制和持续改进等方面。

第二，建立"执行文化"而非仅强调"执行力"。

企业文化是塑造团队执行力的基石。一个以执行为导向的企业文化，能够激发员工的内在动力，使他们自发地追求卓越。这种文化不仅仅是口号，而且要体现在企业的每一个决策、每一次行动中。以执行力为导向的企业文化要求领导者以身作则，通过自己的行为来传递对执行力的重视。同时，企业应该建立一套支持执行力的制度和流程，比如奖励机制、绩效考核体系等，以确保员工的努力能够得到公正的回报。通过这样的文化建设，执行力不再是被动的外在的推动力，而是团队成员内在的主动的驱动力。

第三，以用户为中心，打造"执行闭环"。

在商业竞争中，用户的需求是团队执行力的最终检验标准。因此，团队的执行活动必须始终以用户为中心，确保每一项工作都紧密围绕用户的需求展开。这就要求团队在执行过程中保持高度的灵活性和适应性，能够对市场出现的变化，迅速做出响应。同时，建立一个有效的用户反馈机制，是构建执行闭环的关键。团队应该定期收集用户的反馈，对执行结果进行评估，及时调整策略，从而形成一个持续改进的闭环。形成"执行闭环"不仅能够提升用户满意度，还能为团队提供宝贵的经验，指导未来的执行活动。

第四，创新是执行力的源泉。

在不断变化的商业环境中，创新是推动执行力提升的重要动力。一个具有创新精神的团队，能够不断探索新的工作方法，优化流程，提高效率。创新不仅体现在产品开发上，也体现在团队管理、客户服务等各个方面。为了激发团队的创新能力，企业应该营造一个鼓励尝试、容忍失败的氛围。领导者应该鼓励团队成员提出新的想法，即使这些想法可能会失败。不断创新，形成鼓励创新容忍失败的企业氛围，使团队成员可以从失败中学习，不断总结经验教训，优化执行策略，提升整体的执行力。

第五，领导者应引领而非控制。

企业领导者在团队执行力的培养中扮演着至关重要的角色。企业领导者不仅要制定明确的目标和计划，还要能够激发团队成员的潜力，引导团队成员超越自我，追求卓越。领导者应该通过自己的言行来展示对执行力的重视，通过榜样的力量来影响团队，引领团队。同时，领导者还需要具备卓越的沟通能力，确保团队成员对目标有清晰的理解，对执行路径有共同的认识。此外，领导者还应该具备敏锐的洞察力，能够及时发现团队执行中的问题，并提供有效的指导和支持。

作为企业的核心资产，团队的执行力是企业持续创新和高效运作的保障。通过不断学习和实践，企业可以建立起一套成熟的执行力培养体系，使得每一个团队成员都能够在各自的岗位上发挥最大的潜能。

随着市场环境的不断变化，企业需要不断地审视和调整自己的执行力策略，以确保团队始终能够以最佳的状态迎接挑战。在这个过程中，领导者的智慧和远见、团队的协作和创新，以及企业文化的导向作用，都发挥至关重要的作用。

Part

8

谋局之境：智慧升华

8.1 奇正相合：创新与实用的完美结合

小米公司刚创立不久，就以高性价比的产品和简洁的设计理念迅速在科技市场上崭露头角。其智能家居产品线，包括智能电视、智能灯泡和扫地机器人等，都是创新与实用相结合的生动体现。智能电视不仅提供了丰富的内容和流畅的观看体验，还通过简洁的用户界面和便捷的操作，使得用户能够轻松享受智能生活。智能灯泡通过手机APP控制，实现了远程开关、定时和调光等功能，极大地提升了家居照明的便捷性和个性化。扫地机器人则以其智能路径规划和自动充电功能，减轻了家庭清洁的负担，提高了生活效率。

这些产品之所以能取得成功，在于小米深刻理解了消费者的需求，并在此基础上进行了创新。小米产品不仅在设计上追求极简和美观，更在功能上追求实用和高效，确保用户能够轻松使用，享受到科技带来的便利。小米的智能家居产品不仅体现了智能化,还以其亲民的价格,赢得了更多的消费者,从而推动了智能家居市场的普及和发展。

小米的智能家居产品展示了如何通过技术创新来解决实际问题,同时保持产品的亲民性和易用性。这种策略不仅提升了产品的市场竞争力,也为小米赢得了用户良好的品牌口碑。小米的成功案例表明,企业在追求技术创新的同时,必须紧密关注市场动态和消费者需求,确保科技创新成果能够转化为实际的商业价值,赢得用户满意度。

在中国哲学和军事思想中有两个常见的概念,"奇"与"正",它们对商业模式也产生了深远的影响。商界日新月异,唯有不断创新,才能在竞争中立于不败之地。然而,仅有创新还不够,因为消费者更需要实用。奇正相合,是创新与实用的完美结合,也是商业成功的关键。

那么,如何理解"奇""正"相合呢?以下是帮助我们理解"奇""正"相合的几个要点。

第一,奇:创新是商业发展的原动力。

在商业领域的广阔舞台上,"奇"象征着创新,它是企业保持竞争力的关键。正如乔布斯所言,创新是区分领袖与追随者的重要标志。苹果公司正是凭借其对创新的执着追求,推出了一系列革命性的产品,如 iMac、iPod、iPhone 和 iPad,在电子消费品市场树立了新的标杆。这些产品不仅改变了人们的生活方式,也重塑了整个行业的发展方向。

特斯拉则是另一个典型的创新驱动型企业。它不仅在电动汽车领域取得了突破，还在电池技术、自动驾驶等方面进行了大胆的尝试。这些创新不仅推动了公司自身的成长，也为整个汽车行业带来了新的活力。亚马逊通过其独特的商业模式和技术创新，从一家在线书店发展成为全球最大的电子商务平台，其创新的云计算服务 AWS 更是引领了云计算行业的发展。

这些案例表明，创新是企业在激烈竞争中取得领先地位的不二法门。它不仅能为企业带来短期的市场优势，还能通过技术迭代和商业模式创新，实现可持续发展。

第二，正：实用是商业价值的根本。

然而，创新并非万能。在商业实践中，许多企业因为过于追求创新而忽视了产品的实用性，导致产品无法满足市场需求，最终走向失败。实用性是商业价值的核心，它关乎产品是否能够满足消费者的实际需求，是否能够提供良好的用户体验，以及是否能够在成本和性能之间找到一个合理的平衡点。

实用性的缺失可能会导致企业投入巨大的资源开发出的产品无法转化为实际的收益。例如，某些高科技产品虽然技术先进，但由于价格高昂或操作复杂，难以被大众接受。另外，一些企业可能为了降低成本而牺牲产品的质量，导致用户体验下降，从而损害了品牌形象。

因此，企业在追求创新的同时，必须确保其产品或服务的实用性。这就需要企业深入了解市场和消费者的需求，通过市场调研和用户反馈来指导产品开发，确保创新成果能够转化为实际的商业价值。

第三，"奇正相合"：创新与实用的完美结合。

在商业实践中，"奇"与"正"并非对立，而是相辅相成的。创新能够为企业带来新的机遇，而实用性则是这些机遇转化为成功的关键。我们需要在创新与实用之间找到平衡，实现"奇正相合"。

以小米为例，这家企业在成立之初就明确了"奇正相合"的战略，通过不断的技术创新，推出了一系列具有高性价比的智能硬件产品，如智能手机、智能家居设备等。这些产品不仅在技术上具有前瞻性，而且在设计和功能上注重用户体验，确保了实用性。小米的这种策略使其在短时间内迅速崛起，成为全球知名的科技公司。

"奇正相合"的理念在商业谋局中具有深远的意义。它要求企业在追求创新的同时，不忘实用性这个根本。企业要在市场调研的基础上，结合自身的技术优势，开发出既具有创新性又实用的产品或服务。"奇正相合"才能够吸引消费者，在市场中形成持续的竞争优势。

在未来的商业世界中，只有将创新与实用完美结合，才能实现可持续发展，引领行业的未来，创造出新的商业价值，推动整个社会的进步。

在商业世界中，"奇"与"正"的结合是企业成功的关键。企业需要在不断创新的同时，注重产品的实用性，以满足市场的真实需求。这种"奇正相合"的战略，不仅能够帮助企业在激烈的市场竞争中立于不败之地，还能够推动整个行业的发展，实现长期的价值增值。随着科技的不断进步和市场的不断变化，企业必须持续地进行创新，加强实用，以满足客户的需求，适应未来的发展。

8.2 无为而治：
道法自然，追求卓越

人们通常认为，研发只出现在产品上，但任何产品的研发制作，都是由人来完成的，所以，人作为产品研发的第一要素，要引起企业领导者的高度重视。在这一点上，LinkedIn 的联合创始人雷德·霍夫曼就以其对员工成长和自主性的重视而闻名。雷德·霍夫曼认为，优秀的员工是企业发展的核心动力，应该赋予员工足够的空间来发挥他们的创造力和才能。雷德·霍夫曼相信，通过减少不必要的管理和干预，员工能够在一个更加自由的环境中自我激励，从而推动公司的整体发展。

雷德·霍夫曼的管理实践证明，过度的控制和微观管理会抑制员工的潜力，而给予员工自主权则能够激发他们的主动性和责任感。这种看似放任的管理方式，实际上是对员工能力的高度认可和对团队潜力的充分挖掘。

雷德·霍夫曼的这种管理风格在 LinkedIn 的企业文化中得到了体现，LinkedIn 鼓励员工去尝试新的想法，即使失败，公司也会采取宽容的态度，这实际上是对员工创新精神的一种保护，它允许员工在尝试和错误中学习和成长。LinkedIn 的成功，很大程度上得益于这种以人为本的管理哲学，它不仅吸引了顶尖人才，也创造了一个能够快速适应市场变化的工作环境。

雷德·霍夫曼的管理实践通过减少不必要的干预，让员工在自由和责任的平衡中找到自己的位置，从而实现了公司与员工的共同成长。这种管理方式不仅体现了对员工的尊重，也展现了对企业长期发展的深刻理解。在快速变化的商业世界中，雷德·霍夫曼的这种领导风格为 LinkedIn 以及他投资的其他公司提供了一种独特的竞争优势，那就是一个充满创新活力和高度自主性的团队。

在商业竞争这盘复杂的棋局中，策略的制定和决策的执行如同在波涛汹涌的大海中航行，充满了不确定性和挑战。然而，古老的东方智慧——道家哲学中的"无为而治"原则，为我们提供了一种全新的企业发展和竞争的策略。它看似不干预，无所作为，实则是在深谙自然法则的前提下，采取一种更加高明的方式来"深度作为"，指导现代商业实践。我们可以这样理解商业竞争中的"无为而治"。

第一,顺应自然规律、遵循事物发展内在逻辑是"无为而治"的核心含义。

"无为而治"这一概念,源自道家经典《道德经》中的理念,它强调的是一种顺应自然规律、遵循事物发展内在逻辑的治理方式。在现代商业实践中,"无为而治"并不是指企业可以无所作为,袖手旁观,而是指企业要在制定策略和决策时,能够洞察市场的本质,顺应市场自然发展的规律。这不是消极的顺从,而是一种积极的、有意识的适应和调整。

企业都会面临着激烈的竞争和不断变化的市场环境。在这种情况下,"无为而治"可以被理解为一种战略上的灵活性和适应性。企业应该在保持核心价值和长期目标的同时,对外部环境的变化保持敏感,并能够迅速调整策略以应对这些变化。

例如,互联网行业的快速发展和创新要求企业必须能够快速响应市场变化。像谷歌和亚马逊这样的公司,通过不断迭代产品和优化服务,顺应了用户需求的变化,从而在激烈的市场竞争中保持领先地位。这种对市场趋势的敏感性和对用户需求的深刻理解,正是"无为而治"在现代商业实践中的体现。

第二,"无为而治"在商业谋局中的应用还体现在对内部管理的简化和优化。

在企业中,过度的层级和复杂的决策流程往往导致效率低下和创新受阻。"无为而治"倡导减少不必要的干预,给予员工更多的自主权和创造力发挥的空间。通过简化管理结构和流程,企业可以激发员工的潜力,提高整体的工作效率和创新能力。

例如，一些创新型企业如谷歌和苹果，都在内部实施了扁平化的管理结构，鼓励员工提出新的想法和解决方案。这种管理方式减少了决策的层级，使得企业能够更快地响应市场变化，同时也促进了内部创新文化的萌生。

第三，"无为而治"在商业谋局中还涉及对企业社会责任的重视。

在追求利润的同时，企业也应该考虑到其对社会和环境的影响。这种责任感不仅有助于企业建立良好的公众形象，还能够为企业带来长期的可持续发展。

例如，许多企业开始注重可持续发展和环保，采用环保材料、节能技术和社会责任投资等方式，减少企业对环境的负面影响，提升企业的社会价值。这种对社会责任的承担，正是"无为而治"在现代商业实践中的体现，它要求企业在追求经济效益的同时，也要考虑到社会效益和环境效益。

第四，将"无为而治"的原则应用于商业谋局，需要企业领导者富有智慧和远见。

企业领导者应该洞察市场趋势，理解员工需求，把握企业的长期发展方向，并制定灵活有效的战略。

"无为而治"的理念不仅适用于单个企业的发展，还可以应用于整个商业生态的构建。企业家和领导者应当致力于打造一个和谐、健康的商业生态，让企业在竞争中实现共赢。

具体而言，企业家和领导者应关注行业法规的制定和执行，推动公平竞争；加强与供应商、客户的合作，建立稳定的供应链和销售渠道；积极参与行业协会和商会活动，加强与其他企业的交流与合作。通过构建良好的商业生态，企业可以实现互利共赢，共同发展。

"无为而治"在商业实践中的运用，是对企业领导智慧的一种考验。它要求领导者能够在纷繁复杂的商业环境中，保持冷静和清醒的判断力，以一种看似不干预但实际上高度参与的方式来引导企业的发展。通过这种方式，企业可以在变化中找到自己的节奏，实现稳健而持久的成长。

8.3 和为贵思想：
和谐共赢，实现共同发展

腾讯公司称得上是中国互联网行业中的巨头，其"开放资源，连接一切"的愿景深刻影响了全球数以亿计的用户。腾讯的社交平台，如微信和QQ，已经成为人们日常生活中不可或缺的沟通工具，它们不仅缩短了人与人之间的距离，还促进了信息的快速流通和知识的共享。在数字内容服务方面，腾讯通过腾讯视频、腾讯音乐等服务，为用户提供了丰富的娱乐和学习资源，这些平台不仅满足了用户多样化的需求，也在无形中促进了社会文化的交流与融合。

腾讯的开放策略和对合作伙伴的重视，展现了其在商业实践中追求和谐共生的智慧。腾讯通过开放平台，鼓励开发者和内容创作者参与，这种开放性不仅激发了创新活力，也构建了一个互利共赢的生态系统。腾讯与合作伙伴的协同创新，不仅提升了产品和服务的质量，也为整个互联网产业的健康发展提

> 供了动力。这种基于合作共赢的商业模式，正是"和为贵"思想在现代企业运营中的成功实践，它不仅有助于腾讯自身的持续成长，也为整个社会的和谐发展贡献了积极力量。

如今，商业竞争已经进入全球化时代，在这样的环境中，企业之间的竞争日益激烈，但与此同时，合作共赢的理念也越来越受到重视。"和为贵"这一古老的东方智慧，在现代商业谋局中焕发出新的生机。那么，如何将"和为贵"的思想融入商业实践，以实现和谐共赢共同发展呢？下面是我们认识并应用"和为贵"思想的几个要点。

第一，我们要理解"和为贵"的内涵。

"和为贵"思想源于中国古代的儒家文化，它强调和谐共处、相互尊重和互利合作。在商业领域，这意味着企业在追求自身利益的同时，也应考虑到合作伙伴、消费者乃至整个社会的利益，并寻求一种平衡，使得各方都能从中受益。

"和为贵"首先体现在企业文化的塑造上。以和谐共赢为企业的核心价值目标，形成一种积极、开放、包容的氛围，在这样的环境中工作，人们不仅能够感受到尊重和信任，还能被激发出更大的创造力和团队协作精神。这种内部的和谐是企业对外合作的基石，也是实现长期稳定发展的保障。

第二，"和为贵"在企业战略规划中同样重要。

在制定商业策略时，我们应考虑如何与供应商、分销商、竞争对手乃至整个行业生态建立互利的关系。例如，通过共享资源、技术合作、市场拓展等方式，企业可以降低成本、提高效率、扩大市场份额。这种战略上的合作，不仅能够增强企业的竞争力，还能够促进整个行业的进步。

在具体操作层面，"和为贵"思想要求企业在商业谈判和合同签订中展现出灵活性和妥协精神，在追求自身利益的同时，也要考虑到对方的合理诉求，寻求双方都能接受的解决方案。这种基于共赢的合作模式，能够减少不必要的摩擦和冲突，为企业的长期稳定发展打下坚实的基础。

第三，"和为贵"还体现在企业对社会责任的承担上。

在追求经济利益的同时，企业应关注对环境、社会的影响，积极参与公益事业，推动环境和社会的可持续发展。对社会负责，不仅能够提升企业的社会形象，还能为企业赢得更多的市场份额，因为越来越多的消费者倾向于支持那些具有社会责任感的企业。

第四，在全球化的今天，"和为贵"还要求企业具有国际视野和跨文化沟通的能力。

随着全球市场的融合，企业需要与来自不同文化背景的合作伙伴打交道，尊重和理解对方的文化，寻求文化上的和谐，是实现有效合作的关键。通过文化融合和交流，不仅能增进大家的相互理解，还能够帮助企业拓宽市场。

在国际合作中，企业需要展现出更加开放的姿态，愿意与不同文化背景的合作伙伴分享知识、资源和市场。这种开放性不仅能够帮助企业快速适应多变的国际市场，还能够促进全球资源的优化配置。例如，通过跨国并购、技术引进和市场拓展，企业可以迅速提升自身的国际竞争力，同时为合作伙伴带来新的增长点。

"和为贵"还是企业应对复杂国际环境的重要策略。企业应该通过对话和协商，寻求解决贸易争端的和平途径，而不是对抗。这种以"和为贵"的态度，有助于维护全球贸易秩序的稳定，也为自身的长远发展创造有利条件。

第五，"和为贵"在企业创新中也发挥着重要作用。

在知识经济时代，企业之间的竞争越来越依赖于创新能力。通过建立开放的创新生态系统，企业可以与学术界、研究机构以及其他企业共同研发新技术、新产品。这种跨领域的合作，不仅能够加速创新的步伐，还能够降低研发成本，实现知识的共享和价值的最大化。

第六，面对数字化和智能化的发展趋势，"和为贵"在企业数字化转型中同样具有指导意义。

企业应该与技术供应商、数据服务提供商等合作伙伴共同探索数字化转型的路径，共享数据资源，共同开发新的商业模式。这种基于合作的数字化转型，有助于企业提升运营效率，增强市场竞争力，同时也能够推动整个行业的技术进步。

8.4 战略思维：
高瞻远瞩，谋划未来

讲到华为，人们自然会想到它的创始人任正非，他以卓越的战略思维和对技术趋势的敏锐洞察力在全球商业界树立了榜样标杆。任正非的"流量思维"不仅是一种管理理念，更是一种深刻的商业哲学，它强调的是开放、交流和创新的重要性。在任正非的领导下，华为不仅在技术研发上投入巨大，而且积极吸纳全球最先进的管理经验，正是这种开放的心态和对外界能量的积极吸纳，使华为能够在激烈的国际竞争中脱颖而出。

任正非的战略思维体现在他对华为未来的清晰规划和对市场变化的快速响应上。他认识到，在一个快速变化的技术环境中，只有不断地进行技术创新和组织变革，企业才能保持竞争力。因此，华为在5G、云计算、人工智能等领域的持续投入，不仅巩固了其在通信设备市场的领导地位，也为未来的技术革命做好了准备。

任正非的成功在于他能够超越当下，预见未来，并据此制定长远的发展规划。他明白，技术的革新和市场的演变是企业发展的驱动力，因此他鼓励华为员工不断学习和创新，以适应不断变化的市场环境。这种战略思维不仅体现在华为的产品创新上，也体现在其企业文化和管理实践中。通过建立一个开放的创新生态系统，华为能够吸引全球的人才和资源，共同推动技术的进步和产业的发展。

任正非的战略思维还体现在他对全球化的深刻理解上。他认识到，在这个全球化的时代，企业的成功不再仅仅依赖于国内市场，而且需要在国际舞台上展现竞争力。因此，华为积极拓展海外市场，通过与全球合作伙伴的紧密合作，不断提升自身的国际影响力。这种全球化的战略布局，使华为能够在不同国家和地区的市场中获得成功，同时也为全球通信技术的发展做出了重要贡献。

任正非的战略思维在华为的初创阶段起到了关键作用。他的前瞻性、开放性和对全球化的深刻洞察，使华为能够在技术革新的浪潮中不断前进，成为全球通信行业的领军企业。这种战略思维不仅为华为自身带来了巨大的成功，也为其他企业提供了宝贵的经验和启示，值得大家学习和借鉴。

在当今这个瞬息万变的商业世界中，战略思维已成为企业生存和发展的关键。它不仅仅是对未来的简单预测，更是对企业如何在不断变化的环境中保持竞争力的深刻洞察。企业领导者要培养战略思维应该明确下面几个要点。

第一，战略思维的核心在于高瞻远瞩。

这意味着企业领导者必须超越眼前的利益，将视野投向更远的未来。在全球化和技术革新的推动下，市场环境的不确定性和复杂性不断增加。如果只关注短期利润、眼前利益，而忽视了长期规划，企业就很可能会在未来的竞争中失去先机。因此，企业领导要具有高瞻远瞩的战略思维，及时识别和把握市场未来的趋势和机遇。要做到这一点，就需要领导者具备敏锐的市场洞察力，能够从宏观的角度分析行业动态，预见潜在的市场变化，并据此制定相应的战略规划。

第二，战略思维强调谋划未来。

战略思维不仅仅是对外部环境的分析，更是对内部资源和能力的深刻理解。企业需要根据自身的优势和劣势，制定出能够实现长期目标的战略。这包括对市场定位的清晰界定、对核心竞争力的持续培养，以及对组织结构和文化的有效管理。谋划未来还意味着企业要勇于创新，不断探索新的商业模式和增长点，以适应不断变化的市场需求。这要求企业不仅要有创新的产品和服务，还要有创新的管理方式和组织结构，以提高企业的灵活性和应变能力。

第三，经典战略思维之一——生态战略。

这一观点认为，企业不应仅关注自身的利益，而应构建一个互利共赢的生态系统。在这个系统中，企业、供应商、客户甚至竞争对手都可以成为合作伙伴，共同创造价值。生态战略要求企业领导者需具备开放性思维，愿意分享资源，促进整个生态系统的健康发展。例如，苹果公司通过其App Store平台，不仅促进了自身硬件产品的销售，也为开发者提供了一个展示和盈利的平台，形成了一个强大的生态系统。这种生态战略不仅提升了苹果的市场份额，也为其合作伙伴创造了巨大的价值。

第四，经典战略思维之二——敏捷战略。

在快速变化的商业环境中，传统的长期战略规划可能已经不再适用。敏捷战略强调快速响应市场变化，通过迭代和实验来不断优化战略。这种战略思维要求企业具备灵活性和适应性，能够在短时间内调整方向，抓住机遇。例如，Spotify（正版音乐流媒体服务平台）通过持续的技术创新和用户反馈，快速迭代其音乐流媒体服务，成功地在竞争激烈的市场中占据了一席之地。敏捷战略的核心在于快速学习和适应，它要求企业在执行过程中不断评估和调整策略，以确保始终与市场同步。

第五，战略思维还应包括社会责任。

在全球化的今天，企业的行为不仅影响其经济利益，也影响其社会形象和道德责任。因此，我们在谋划未来时，应考虑其对社会和环境的影响，寻求可持续发展的道路。这不仅有助于企业建立良好的公众形象，也是对企业长远利益的保障。社会责任战略要求企业在追求利润的同时，也要考虑到其行为对社区、环境和社会的影响，通过可持续的商业实践来实现长期价值的创造。

8.5 辩证智慧：
对立统一，相辅相成

近年来，知识产权（IPR）证券化作为一种新兴的商业模式，正在被越来越多的企业所采用。这种模式通过将企业的知识产权（如专利、商标、版权等）打包成资产池，然后发行证券进行融资，为企业提供了一种新的资本运作方式。

中国的一些高新技术企业已经开始尝试将知识产权作为资产进行证券化。例如，某家科技公司通过将其持有的多项专利打包，发行了知识产权证券化产品，成功吸引了投资者的资金，这不仅为企业带来了直接的融资，也为知识产权的商业化利用开辟了新路径。

此外，随着环保意识的提升，绿色金融和可持续发展成为新的商业热点。例如，一些银行和金融机构推出了绿色债券，这些债券的收益部分用于支持环保项目，如可再生能源、节能减排等。这种模式不仅有助于企业实现绿色发展，也为投资者提供了参与环保事业的机会。

这些案例展示了企业如何通过创新商业模式来应对市场变化，同时也体现了商业智慧在对立统一中的运用，既追求经济效益，也注重社会责任和可持续发展。这些新颖的商业模式为企业提供了一个全新的视角，以更加灵活和多元化的方式参与市场竞争。

策略与谋略如同棋局中的棋子，每一步都需精心布局。真正的智慧不仅在于进攻或防守，更在于理解并运用辩证法中的对立统一原理，在看似矛盾的事物之间寻求平衡。那么，如何将这一哲学思想应用于商业谋略，以期在激烈的市场竞争中找到相辅相成的策略呢？下面是对立统一相辅相成思想的应用要点。

第一，我们必须认识到商业活动中的对立统一现象。

在市场竞争中，竞争与合作是并存的，两者看似矛盾，实则相互依存。竞争促使企业不断创新，提高效率，而合作则有助于资源共享，降低成本。例如，苹果公司与三星公司在智能手机市场上是激烈的竞争对手，但在供应链上又有着密切的合作关系。苹果从三星采购显示屏和内存芯片，这种竞争与合作的并存，正是对立统一原则在商业实践中的体现。

第二，企业内部管理中也存在着对立统一的智慧。

在追求效率的同时，企业也需要关注员工的福祉和团队的凝聚力。过度强调效率可能导致员工压力过大，影响工作满意度和创新能力；而过分强调员工福利则可能导致成本失控。因此，我们要在两者之间找到平衡点，实现相辅相成。谷歌就是一个典型的例子，它通过提供灵活的工作制度和丰富的员工福利，既激发了员工的创造力，又保持了高效的运营。

第三，产品和服务的创新也是对立统一的体现。

在满足客户需求的同时，企业需要不断创新以保持竞争力。然而，过度的创新可能导致产品复杂化，增加用户的学习成本。因此，我们在追求创新的同时，也应注重产品的易用性和用户体验。苹果的 iPod（便携式数字多媒体播放器）和 iPhone 就是将创新与易用性完美结合的例子，它们不仅引入了革命性的功能，而且保持了简洁的用户界面。

第四，在全球化的背景下，对立统一的智慧同样适用于国际商业战略。

企业在追求全球市场的扩张时，需要考虑到不同文化、法律和市场环境的差异。这要求企业在本地化与标准化之间找到平衡。例如，麦当劳在不同国家推出符合当地口味的产品，如印度的素食汉堡和日本的抹茶冰激凌，既保持了品牌的全球统一性，又满足了当地市场的特定需求。

第五，企业在社会责任与利润追求之间也应寻求对立统一。

在追求经济效益的同时，我们不应忽视对社会和环境的责任，要在短期利润与长期社会责任之间找到平衡。星巴克通过推广公平贸易咖啡和实施环保政策，既提升了品牌形象，又实现了经济效益与社会责任的双赢，可谓这方面的典范。

如何将辩证智慧应用于商业战略的制定与执行，通过这种智慧来应对不断变化的市场环境呢？下面为商业战略制定与执行中，辩证智慧的应用办法。

第一，企业在制定战略时，应充分考虑内外部环境的对立统一。

企业需要在内外部对立的元素中寻找平衡点，制定出既符合市场趋势又能发挥自身优势的战略。例如，面对数字化转型的压力，传统零售企业在保持线下门店优势的同时，也需要积极拓展线上渠道，实现线上线下的融合，以满足现代消费者的购物习惯。

第二，在执行战略的过程中，企业应灵活运用对立统一的原则。

在坚持战略核心的同时，根据市场反馈进行适时调整。例如，一家初创科技公司在推出新产品时，可能会遇到预期之外的困难。这时，企业就要根据实际情况调整产品功能或市场定位，以更好地满足市场需求。

第三，企业在面对市场变化时，应学会利用对立统一的智慧来化解危机。

在经济周期的波动中，企业可能会遭遇销售下滑、利润减少等挑战。此时，企业可以通过多元化战略来分散风险，同时通过优化成本结构来提高抗风险能力。例如，一家依赖单一市场的企业，可以通过开拓新市场或开发新产品来降低对单一市场的依赖，从而在市场波动时保持稳定。

第四，在全球化背景下，企业还应将对立统一的智慧应用于跨文化管理。

随着国际合作的加深，企业需要在尊重当地文化的同时，推广自己的企业文化。这要求企业要学会在本地化与全球化之间找到平衡，既要适应不同文化背景下的消费者需求，又要确保品牌的核心价值观得到传播。

第五，企业在追求可持续发展的过程中，也应运用对立统一的智慧。

在追求经济效益的同时，企业应积极承担环保责任，推动绿色生产。例如，通过采用清洁能源、减少废弃物排放等方式，在保护环境的同时，降低运营成本，提升企业形象。